JN198564

大事なものから手放しましょう。

70代、ひとり暮らしを軽やかに生きる

医学博士・管理栄養士
本多京子

家の光協会

はじめに

わたしのこれまでの人生は、常に「もっと知りたい」「深く追求したい」という気持ちに突き動かされてきたように思います。大学で栄養学や医学を学んでいた頃も、栄養やダイエットに関する会社を立ち上げ、雑誌やテレビの仕事に奔走していた頃も、ハーブとアロマテラピーの専門店を開き、今日はセミナー、明日は講演会と、自分自身も勉強しながら忙しい日々を送っていた頃も……。

自分の興味関心の赴くままに駆け抜けてきて、気が付けば「シニア」と呼ばれる年代に。まだまだ健康には自信がありましたが、「今は元気だとしても、10年後、20年後はどうなるか?」と考え、暮らしをコンパクトにすることにしました。

60代でひとり暮らしになったのを機会に、自宅をリフォームし、持ち物の量をそれまで

の「3分の1」に。家族の思い出が詰まった家を整理するのは、なかなか骨の折れる作業でしたが、おかげで自分にとって本当に必要なものがはっきりしたと思います。

それから10年が経ち、いよいよわたしも70代。自分の「老い」と向き合う歳になりました。体力や認知力の低下、身の安全にはこれまで以上に気を配らなくてはなりませんし、両親の介護も経験しました。弱っていく親の姿を見て、人の行く末について考えることも増えました。

今後は、もっとさまざまなものを手放していきたいな、と思っています。それは「身のまわりの物を捨てる、片付ける」といったことだけではなく、もっと精神的なものです。たとえばお金や、昔の功績、「こうでなければ」という思い込み、若さへのあこがれ、表面だけの人付き合いといった、自分を縛るしがらみから、そっと手を離していけたら。

過去にしがみついて後ろ向きに生きるのではなく、せっかくのひとり暮らしを心豊かに満喫したいもの。そのための方法を日々考え、実践しています。

ポイントは、「大事なものから」手放すこと。

整理整頓するときには、お金では買えない思い出の詰まった、アルバムから始めました。便利に使っていたクレジットカードは、1枚だけ残してすべて解約。仕事柄、たくさん持っていた食器類や家具、父が染めてくれた大切な着物なども、よいものから人に譲りました。

大事なものを手放して、寂しくなることはありません。どんなに高価な品でも、今の自分にとって必要なければ、持っていても意味がないんですから。むしろ手放すことで、新しい発見があったり、知人とのつながりが深まったりと、得るものが多かったように思います。

70代になって、体力の衰えを感じ始めた人もいるでしょう。大きな病気や、家族との別れを経験する人も多く、不安を感じやすい年代なのかもしれません。雑誌の取材などでも、「シニア世代の悩み」についてアドバイスを求められることが増えてきました。

この本では、同世代の女性——自分と同じ時代を生きてきた仲間たちに向けて、「人生をもっと軽やかに生きるために、こんなふうに考えてみては？」という提案を、わたしの暮らしのなかからいくつか書き出してみました。ひとつでも参考になれば、そして「悩んでいるのはわたしだけじゃない」と思っていただければ幸いです。

わたしが苦手な言葉に、「いずれそのうち」があります。今日、決断しなければ、明日はもっとできなくなるもの。若い頃から、「どうせやるなら、今やる」というのが信条でした。

残りの人生のなかで、今がいちばん若いときです。不安を抱えたままにせず、今の自分にできることを精一杯していきましょう。

目次

第1章 生活の中心はいつも「食」

第2章
心と体を健やかに保つために

第3章 充実した一日は、安全な住まいから

第4章 家族と介護、人間関係について

第5章

いつか来るその日まで、自分らしく

第1章

生活の中心は いつも「食」

70歳を過ぎたら「三食いつも全力で」は卒業です

これまで、さまざまな企業や学校、プロスポーツ選手などに栄養指導を行ってきました。そこで常にお伝えしてきたのが「朝・昼・晩、三食きちんと食べること」の大切さです。当たり前すぎてつい忘れがちですが、一日三食を毎日規則正しく食べることで、自律神経のバランスが整い、免疫力も高まります。肥満予防にもなり、脳に十分なエネルギーを補給することで、認知症の予防にもつながります。

ですが、最近、同年代の女性たちから「三食の食事を作るのがつらくて……」という声をよく耳にするようになりました。皆さん、家庭の台所を長年きりもりしてきたベテランのはずなのに、いったいどうして？と思ってしまいますが、「献立を考えるのが面倒」「キッチンに立つのが大変、疲れる」そんな理由で、朝食を抜いたり、コンビニの惣菜や外食で済ませたりしてしまう方が増えているようですね。

なかには、スムージーや野菜ジュース、青汁、プロテインドリンクなどを飲むことで「一食」とする方もいます。忙しい現代人に便利、とさかんに宣伝されていますが、咀嚼の回数が少なくなるため、わたしはおすすめできません。よく噛むことは、消化吸収の効率を高めるためにも、また満腹中枢を刺激して食べすぎを防ぐためにも重要ですから。

わたし自身も70代半ばになり、体力の衰えを感じることもしばしば。ですから彼女たちの気持ちもわかります。歳をとると活動量が減るのでお腹がすきにくくなりますし、物事がおっくうになるのも自然なこと。だからこそ、うまく力を抜くことを意識してみましょう。

たとえば、夕方になると疲れて料理ができないなら、元気な朝のうちに昼食・夕食の準備を済ませてしまうのもひとつの方法です。もし冷凍庫にサバがあれば、起きてすぐ冷蔵庫に移し、解凍しておきます。朝食の卵を焼いたフライパンでソテーして、玉ねぎスライスと合わせてマリネにすれば、晩のおかずが一品完成。洗い物も一度で済みます。ほかにも、昼食のホットサラダ用にじゃがいも、にんじんをレンジにかけておく、炒め物用のお肉に下味をつけておく……、そんなふうに「先回り」して調理をしておくわけですね。エネルギーが充実した朝の間に、少しの手間でできることがたくさんあります。

人によって朝型・夜型の違いがありますから、夜の方が元気だわ、という方は、夜のうちに朝食の準備をしておくのもよいでしょう。わたしは、夕食の後に季節のフルーツをカットして器に入れ、冷蔵庫へ。これを翌朝、明るい色の花柄のトレイにのせて、ヨーグルトと一緒に食べるのが定番です。ビタミンや食物繊維が摂れ、頭も体もすっきりと目覚めますし、お気に入りの器を使うと、その日なにかいいことがありそうな、前向きな気持ちになりますね。

足腰が痛い、疲れてぼんやり……歳をとれば、そんなことがしょっちゅうです。ときには体調を崩してしまうことも。そういうとき、常に冷蔵庫に一品、調理済みのものがあると本当に助かります。その日の料理はお休みにして、ゆっくり静養できますし、慣れ親しんだ自分の味つけが、体にとっても何よりの薬になりますから。自分自身に感謝したくなる瞬間です。

「三食作るのがつらい」と感じている方は、きっとこれまで「家族のために、毎食でき立てのおいしいものを」と、台所仕事に全力で取り組んできたのでしょうね。ですが、自分ひとりの時間ができた今、日々の料理はもう少しゆるやかに考えてみませんか？「三食すべて全力で！」という気持ちを手放して、これからは「朝・昼・晩のどこかでちょっとがんばる」くらいでよいのではないでしょうか。健康のための食事が、心身の負担になってしまっては元も子もありません。「食事は抜かずに、力を抜く」をモットーにしていきましょうね。

考え方のヒント

- ✦健康のためには「一日三食」が基本。食事を抜くことは避けて
- ✦朝のうちに昼食・夕食の準備をするとラクチン、安心！
- ✦家族のために全力でしていた台所仕事。70代からは少し力を抜きましょう

「つながりごはん」がいちばん楽

家庭料理にも流行りすたりがあるもの。少し前には「つくりおき」が大ブームになりましたね。空いた時間にたっぷりと料理を作っておき、冷蔵・冷凍して少しずつ消費していくスタイルは、材料費の節約にもなるでしょうし、共働きかつ、食べ盛りのお子さんがいるような家庭にはとても便利だと思います。

ただ、70代以上のシニア世代にとって、この「つくりおき」が役立つかというと……、わたしはちょっと疑問です。70代ともなれば自宅にいることが多くなりますから、同じ味つけの料理を食べ続けるのはつらいもの。次第に食事へのモチベーションが下がり、食欲まで落ちてしまいます。「食事に飽きること」は、シニア世代の健康には大敵なんです。

とはいえ、毎日の料理はできるだけ楽にしたいですよね。そこで、わたしが日頃心がけているのは「作り込まない、つくりおき」です。たとえば……

❍根菜はまとめて加熱し、保存容器で保存。鶏肉と炒め煮にし、牛乳とクリームチーズを足せばシチューに、カレー粉を加えればスパイシーなスープに。煮物も時短で作れる。

❍きのこは数種類合わせて、薄味で煮ておく。小分けに冷凍し、食べるときにはパスタの具にしたり、汁物の具にしたり。もちろん、そのまま食べても◎。

❍キャベツやにんじん、玉ねぎなどを切って耐熱ボウルのなかに重ね、薄味をつけてレンジで調理。ストックしておく。肉や卵などのたんぱく源と合わせて炒めれば、栄養満点の一品がすぐに完成。寒い季節はホットサラダにしても。

このような感じです。ポイントは、あくまでも「下ごしらえ」にとどめること。この「作り込まない、つくりおき」なら、ひとつのストック食材から、その日の体調や気分に合わせて、味つけも調理法もさまざまな料理が作れます。

ポトフやおでんなど、あっさり味の煮込み料理も「使い回し」にとても便利。ひとり暮らしだと作る機会が少なくなるものですが、やはり煮込み料理は大きな鍋でたくさん作った方が、素材のうまみがしみ出て何倍もおいしくなります。

豚肉を使ったポトフの場合、1日目はそのまま食べて、残りは肉と野菜スープに分けて保存。豚肉はスライスして翌朝のサンドイッチの具にしてもいいですし、ひと手間加えてピカタにすれば、ボリューム満点のおかずにもなります。

野菜スープの方は、カレーやシチューに展開できるのはもちろん、トマトの水煮とパスタなどを足してミネストローネ風にするのもおしゃれ。体調が悪いときは、ごはんととけるチーズを入れてリゾットにすれば、手軽に栄養を摂ることができますね。食べ続けるうちに、少しずつ野菜が煮崩れてきたら、ブレンダーで攪拌し、牛乳や生クリームを加えてポタージュにしましょう。

いかがですか？　ポトフ一品からこれだけの料理が作れるわけですから、「ひとり暮らしには食べきれないわ」と、作るのを躊躇しなくてもいいんです。

これまで長年、キッチンに立ってきた皆さんは、家庭料理の基礎が十分に身についているはず。残り物をさっとアレンジして翌日の食卓へ、といった経験も少なくなかったのではないでしょうか？　そんな「ベテラン世代」だからこそ、ひとつの料理からもう一品、味つけを変えてさらに一品……とつながっていく「つながりごはん」を実践してもらいたいと思っています。50ページからのレシピもぜひ参考にしてくださいね。

つながりごはんがうまく軌道に乗れば、料理しながら「次はこれを作ろう、こんなふうにアレンジしよう」という発想がどんどん湧いてきますし、外食やコンビニに頼ることも少なくなります。買い物の頻度も減って、一食のためにかける労力が段違いに楽になりますよ。

さっそく今日の夕食から、「つながりごはん」を意識してみてはいかがでしょうか。

考え方のヒント

- ✦ **飽きずに続けられる「作り込まない、つくりおき」で料理を楽に**
- ✦ **あっさり味の煮込み料理は、たっぷり作ってアレンジしましょう**
- ✦ **料理の基礎ができているシニア世代には「つながりごはん」がおすすめ！**

「家族のため」より、自分を大切にするために作る

先日、編集者から「夫を亡くしてからひとりの食事がむなしくて、料理をする気になれません」というシニア世代の悩みについてインタビューを受けたのですが……、思わず「えっ、そんな人もいるのですね？」と聞き返してしまいました！　わたし自身は、ひとり暮らしでも日々の食事がむなしい、味気ないと思うことはありません。それに周りの人、とくに女性たちを見ていると、むしろ「ひとりになって楽になった、すっきりした」とイキイキしている人の方がずっと多いように感じます。

でも、亡くなってからもこんなふうに思われるなんて、幸せなご主人ですね。きっとこの方は、これまで自分のためではなく「夫のために」料理を作り続けてきたのでしょう。

わたしは家族と暮らしていた頃でも、「誰かのために料理を作る」と考えたことはありませんでした。もちろん、たまには家族の好きなものを作ることもありますが、わたしにとっては「魚屋さんで見つけた、このピカピカのさんまをどう食べようか?」「庭で採れたフレッシュハーブで、どんな料理ができるだろう?」といったことの方がはるかに興味深く、大切なことだったんです。誰かのために料理をするのではなく、自分のために料理することが、ひいては家族や周囲の人々の幸せにもつながると思ってきたからです。

長い休みになると、娘とともに小学生の孫が遊びにきますが、その際にも、子どもの好みそうなハンバーグやオムライスをわざわざこしらえることはありませんし、苦手そうだったり、食べないものがあったりしても気にしません。好物ばかり食べさせるよりも、食を通して季節の移ろいや国ごとの文化、味覚の奥深さを感じて、学んで欲しいと思います。

孫がなにより第一、「孫ファースト」のおばあちゃんがとっても多いですよね。でも、いくらかわいい孫でも、まだ数年か、10年そこそこの人生。すべてを孫の好みに合わせていたら、食の経験も広がりませんし、本当においしいものを食べ損ねてしまうかもしれませんよ。なんせ、こちらは七十何年も生きているんですから！（笑）

日本の食卓では、主に妻がキッチンに立っているにもかかわらず、夫や子どもの好みを重視しすぎているのではないでしょうか。もっと料理を「自分ファースト」で楽しんでみませんか？　自分自身が食事から満足感や、幸福感を得られれば、それを見ている家族もきっと幸せな気持ちになるはずです。

それに「誰かのために料理をする」と考えると、どうしても相手の反応が気になってしまうもの。「せっかくがんばって作ったのに、家族はスマホ片手に上の空で食事をしている」……そんなふうに、家族が喜んでくれないと寂しい気持ちになったり、感謝の言葉がなくてがっかりしたり。いちいち一喜一憂していたら、料理をすることをどんどん負担に感じてしまいますよね。

これを読んでいるあなたがもし、パートナーを失って「ひとりの食事がむなしい」と思うのであれば、これからは自分をいたわるために料理をしましょう。上質なミニサイズのお肉をステーキにしたり、半日かけてことこと煮込み料理を作ったり。旬のフルーツでスイーツやジャムを作ってみてもいいでしょう。シニア世代なら栄養のことも考えなければいけませんし、これから学ぶべきことはたくさんあります。

食べること、料理することに終わりはありません。習慣化すれば生活のリズムも整い、健康維持にもつながります。そして、こうした毎日の習慣こそが、ときおり感じるむなしさを押し流してくれるのではないでしょうか。

たまには誰かにおすそわけしたり、人を招いたりして、おいしさを共有することもおすすめです。人と人をつなぐことも、料理の重要な役割ですから。

考え方のヒント

- ✦料理をするのは「夫のため、家族のため」という意識を変えてみましょう
- ✦孫の好きなものばかり作るより、食事から何を感じてもらうかが大事
- ✦自由気ままなひとり暮らし、これからは自分をいたわるために料理をしよう

スーパーマーケットは最高の脳トレです！

日々の買い物の仕方は、昔とずいぶん変わりました。わたしが日常的に活用しているのは、食材の宅配サービスです。とくに真夏は外を歩くだけでも熱中症リスクが高まりますから、体に負担をかけずに必要な食材や日用品を揃えられるのは非常にありがたいものです。

わたしたちシニア世代ともなると、体調がすぐれない日や、足腰が重く感じることもあるでしょう。ときには出かけるのがおっくうになる日だって、あって当然です。そんなときも、宅配サービスは頼もしい存在。コロナ禍の買い物も、ずいぶん助けられたものです。

こうしたサービスを、まだ利用したことがない人もいるのでは？　はじめてだとハードルが高く感じるかもしれませんが、一度使ってみるとその便利さに驚くと思いますよ。ケガや病気で突然必要になる場合に備えて、ひとつくらいはこうしたサービスに登録してみて、使い方に慣れておくのがおすすめです。

わたしが定期的に買うものといえば、牛乳と卵です。牛乳はいつも2リットル買って、そのうち1リットルは発酵させ、腸活のためにカスピ海ヨーグルトを作っています。残りはそのまま飲んで、カルシウムを摂取。毎日、牛乳とヨーグルトを合わせて300ミリリットル以上摂るようにして、骨を丈夫に保つように努力しています。

それから卵。たんぱく質を補うために、平飼い卵を毎日1個ずつ食べるようにしているので、欠かさず注文しています。いずれも毎日しっかり摂ることができているのは、宅配で毎週届くようにしているから。定期購入で登録しておけば、うっかり注文忘れもありませんね。

重い牛乳に、割れやすい卵。誰かが家まで届けてくれるなら、こんなに気楽なことはありません。ほかにも、みりん、油、醤油や酒といった調味料類や、お米などの重い食料品も宅配で頼んでいます。わたしがお願いしている宅配サービスは、いつも同じ方が届けてくれますが、暑い日も寒い日も、重いものを一生懸命運んでくださるので、必ず飲み物を準備しておいて、水分補給してもらうようにしています。せめてもの感謝のしるしです。

便利な宅配サービスですが、これに頼りきってしまうと、外に出る機会がめっきり減ってしまうのが難点。そこで、宅配の利用は週1回にとどめて、週2回程度は、散歩がてらスーパーマーケットまで足を運ぶようにしています。急ぎの用がないときは、運動のために、わざと家から少し離れたところにあるスーパーまで歩いています。ずいぶんお手軽な運動ですが、それでも一生懸命歩いていると、心地よい汗をかくものです。

スーパーによっては、自分で買ったものを、自宅まで配達してくれるサービスもありますよね。便利なものはどんどん活用していきましょう。

買い忘れや、同じものを買ってしまうことを防ぐために、わたしはいつも朝食を準備するついでに冷蔵庫にあるものを確認しています。買い物の「うっかり忘れ」が多い人は、スマートフォンで冷蔵庫のなかを写真に撮ってからスーパーに出かけるのもいいかもしれません。

なによりスーパーは、世の中の流れを感じ取ることができるのがいいところ。棚に並んでいる商品を見るだけでも、「こんな商品が流行っているのね」「テレビで見た通り、卵の価格が高騰しているわ」など、いつも新しい発見と驚きがあります。ニュースで見聞きした情報も、実際に自分の目で見て、触れて、買ってみて、実感することが大切なんです。

それに、最近はキャッシュレス化も進み、レジの様子も変わりました。自分でバーコードをスキャンして支払うセルフレジも、はじめて目にしたときには「こんな時代になったのか！」と驚いたもの。毎日の生活のなかで、このようなちょっとした驚きや学びを積み重ねていくことが、歳をとるほど必要になってきます。そういった意味でも、やはり日々の買い物こそ、最高の脳トレだと思うのです。

考え方のヒント

✦毎日摂りたい食品や、重たい調味料は、宅配サービスを利用すると便利！
✦運動のつもりでスーパーへ。少し離れたスーパーを選ぶとさらによし
✦スーパーでは新商品や新しいシステムをチェック。意識せずとも脳トレに

体の変化に合わせて食べる――歯と骨の話

歳を重ねると、体は当然、変化していくもの。とくにシニア世代は、「歯と骨」に注意が必要です。歯の健康は認知症とも大いに関係があり、アルツハイマー型認知症の高齢者の歯の数は、平均して健康な人の3分の1ともいわれます。骨は毎日新しく作り替えられていますが、永久歯は一度抜けてしまったら、もう二度と生えてきません。だからこそ、自分の歯をいかに守るかは、長寿時代を生きるわたしたちにとって大事なテーマではないでしょうか。

わたしが毎月、歯科医院に通っているのもそのためです。寝ている間に無意識に歯を食いしばる癖があるので、夜はマウスピースをつけて寝るようにしています。

毎食後の歯のケアは、入念にしっかりと。最近では3種類の歯ブラシを使い分け、フロスも使っています。これを人に話したら「化粧品にはこだわらないのに、歯ブラシにはずいぶんこだわるんですね！」と笑われてしまいましたが……。とっても大切にしている習慣です。「芸能人は歯が命」なんてCMが流行りましたが、自分の歯で食べるということがこんなにも重要なのだと、歳を重ねてますます感じます。入れ歯治療の技術も進歩しているとはいえ、「自分の歯で噛む」という行為そのものが、食事の楽しみの一部。生のきゅうりを食べるときのポリポリとした感覚、揚げ物のサクッとした食感……。これらも、自分の歯で咀嚼するからこそ味わえる、かけがえのない食体験。おいしさの一部です。

骨は日々作り替えられるといっても、若い人の骨と同じようにはいきません。高齢になって骨密度が低下したり、骨の質が劣化してもろくなったりすると、骨粗しょう症や骨折が起こりやすくなります。もっとも怖いのが、転倒して骨折すること。治りにくいのはもちろん、骨折によって活動量が減ると、認知機能が低下し、寝たきり状態になるきっかけにも。

丈夫な骨を作るために、以下の食材を積極的に摂取しましょう。

○カルシウム・マグネシウム（骨の主原料になる）：牛乳、大豆製品、ナッツ類、魚介類、

青菜

❍ビタミンK（カルシウムの骨への沈着を促す）：納豆、ほうれん草、小松菜、つるむらさき、春菊、干しひじき

❍ビタミンD（カルシウムの吸収を助ける）：サケやイワシ、サンマ、マグロ、ウナギなどの魚、干ししいたけやきくらげなどのきのこ類

❍イソフラボン（女性ホルモンに似た働きで、骨量が減るのを防ぐ）：大豆水煮、豆腐、納豆、厚揚げ、がんもどき、きな粉、豆乳

食材の食べ合わせもポイントです。カルシウムだけをたくさん摂取しても、それだけでは不十分。カルシウムの含有量が多い食品と、骨の合成を助ける食品を、一緒に食卓に並べるとよいでしょう。カルシウムの吸収をサポートするビタミンDは、紫外線を浴びることで体内でも作られますから、朝や昼など明るい時間帯に散歩をするのも効果的です。

memo

血栓症の治療などで、血液を固まりにくくする薬（抗血液凝固薬）を服用している場合、ビタミンKの摂取が制限されるので注意しましょう。

そして丈夫な骨作りには適度な運動も欠かせません。骨は、重力に逆らう縦方向の刺激が加わることで、骨を作る「骨芽細胞」が活性化し、強さが増します。

わたしの母は歯が丈夫で、80歳で20本の歯を残すことを目標とした「8020運動」で表彰されたほど。そして100歳になった今も、腰は曲がらず、杖をついてはいるものの自力で歩くことができます。「歯も骨も強いのね」と不思議でしたが、もしかすると、若い頃にバレーボール選手だったことが影響しているのかな、とふと気が付きました。高くジャンプしたり、コート内を走ったりと、骨に十分な刺激を与えていたことが、母の足腰の丈夫さにつながっているのかもしれませんね。

考え方のヒント

- ✦**永久歯は一度抜けると再生しません。定期的な検診と適切なケアを**
- ✦**「自分の歯」で食べることこそ、食の楽しみの一部**
- ✦**丈夫な骨を作るために必要なのは、適切な食生活・日光浴・運動です!**

体の変化に合わせて食べる——水分の話

夏になると、毎年のように熱中症予防の話題になります。水分補給の大切さが叫ばれていますが、これが意外と難しいもの。というのも、高齢になると「のどが渇いた」という感覚が鈍くなるからです。また「トイレが近くなるから」という理由で、水分を控えてしまう人も多いようです。

水は、体のなかで栄養素や酵素、ホルモンなどを運搬しているほか、体温調節など、生命維持のために重要な役割を担っています。水分の摂取量が少ないと体に熱がこもり、ふらついたり、足がつったりするほか、脳梗塞や心筋梗塞などの病気につながることも。たとえ「のどが渇いた」と感じていないときでも、積極的な水分補給を心がけましょう。

水は飲んだ後、胃からではなく主に腸から吸収されます。一度にたくさん飲んでも十分には吸収されないので、「起床時、朝食時、午前10時頃、昼食時、午後3時頃、夕食時、お風呂上がり」のように時間を決めて、それぞれコップ1杯くらい、こまめに飲む方法をおすすめしています。汗をかく夏は、もう少し回数を増やしてください。

わたし自身も、日常生活で意識的に水分を摂る工夫をしています。たとえば、毎晩、枕元に置いているマイボトル。冬は白湯、夏は氷水や麦茶を入れています。これはもう10年も続けている習慣で、夜中に目覚めた時にひと口飲むと、体も心もほっとするんです。夜間、急に具合が悪くなったとしても、すぐに水分補給ができるので安心ですね。

日中も、水分補給のために、午前と午後にお茶の時間を設けています。午前中は気分によって緑茶や中国茶など。午後は決まって紅茶。専用のトレイにお気に入りの茶器を並べ、小さなお菓子を添えて一息つく時間です。このティータイムがわたしにとっての心の栄養。そのつどお茶を淹れるのが面倒だという人は、保温ポットにティーバッグとお湯を入れておいて、仕事や家事の合間に飲むのはいかがでしょうか。

ところで、加齢とともに「むせやすくなった」「飲み込みにくい、飲み込む力（嚥下力）が低下した」と感じることはないでしょうか？　サラサラした液体はのどを通るスピードが速いため、注意が必要。嚥下力の低下により飲み込むタイミングが遅れると、食べ物や飲み物が気管の方に送られ、むせてしまうこともあるからです。高齢者の死亡原因のひとつである、誤嚥性肺炎を引き起こす原因にもなります。

こうした誤嚥を防ぐには、少しとろみがあるものを飲むとよいでしょう。ゼラチンを使ってお茶やジュースにとろみをつけると、むせにくく、ゆっくり飲めるようになります。夏は冷蔵庫で冷やせば、とろっとしたゼリー風ドリンクとしておいしく頂けますよ。

◆冷たい「とろりんドリンク」の作り方

1：粉ゼラチン5g（1袋）を水大さじ2に振り入れてふやかし、600Wの電子レンジに20秒かけて溶かす。

2：常温のお茶（緑茶、麦茶、ウーロン茶、紅茶など）500ミリリットルに、**1**の溶かした粉ゼラチンを加えてよく混ぜ、冷蔵庫で2～3時間冷やす。

＊市販の野菜ジュースに、レモン汁少々とはちみつ大さじ1を加えて作っても。みかんジュースやりんごジュースでも作れます。

味噌汁やスープなどの汁物にも、水溶き片栗粉でとろみをつけたり、大根やかぶ、れんこんをすって加えたりすることで誤嚥を防げます。中華風のスープなら、ワンタンの皮を細切りにして加えてもいいですね。とろみをつけることで液体が口のなかにとどまり、舌の味細胞に刺激が伝わるので、薄味でもおいしく味わえるというメリットもあるのです。減塩効果も期待できて、一石二鳥ですね。

考え方のヒント

✦高齢になるとのどの渇きを感じにくいため、意識的な水分補給が必要
✦枕元にマイボトルを置いたり、お茶の時間を設けたり、工夫して水分補給を
✦誤嚥を防ぐために、とろみをつけた飲み物も活用してみて

70代は小太りくらいがちょうどいい

以前、主宰していた「本多ダイエットリサーチ」では、数々のダイエット企画や書籍に関わってきました。いつの時代も、男女問わずたくさんの人が「痩せること」に大きな関心を寄せていたように思います。

とくに肥満を心配して欲しいのは、代謝が落ちやすくなる40代以降の中年期。生活習慣病のリスクも高い年代です。この世代のダイエットは「無理な食事制限はせず、朝食をしっかり摂り、栄養バランスのよい食事を心がけること」がいちばんの近道。甘いものがやめられないなら、食物繊維が豊富なドライフルーツやナッツを選ぶなど、おやつの摂り方を工夫する必要もあるでしょう。専用のおやつ皿を準備しておいて、「食べるのはこれだけ」と決め、必ずお茶やコーヒーと一緒に味わう、と習慣づけるのもいいですね。

わたしの場合、体重をはかるのは年に1度だけです。毎年、誕生日に健康チェックも兼ねた身体測定をしていますが、不思議と、体重の変化はほとんどありません。特別ダイエットを意識して生活しなくとも、日々、体に必要な栄養素を意識して、野菜もしっかり摂るよう工夫していることで、自然と体重がコントロールできているのでしょう。

そもそも、われわれくらいの年代になれば、ダイエットなんて必要ないんじゃないかな？とも思います。女優やモデルさんじゃあるまいし、毎日せっせと体重をはかって500グラム減ったの、増えたのと騒いでみても、仕方ありませんよね。

シニア世代は、体形の良し悪しよりも「健康でいること」が何よりも素敵なことです。若い頃はスリムであることが美徳とされがちでしたが、加齢とともに体力や筋力が衰えていく分、体を守るためには、ある程度の脂肪も必要になってきます。脂肪には体温を保持したり、臓器を体外からの衝撃から守るクッションの役割もありますから、高齢者が健康を維持するためには、「小太り」ぐらいが理想的な状態だと思います。

60代、70代にもなると、痩せすぎているとかえって栄養失調や骨粗しょう症、免疫力の低下などのリスクが高まります。筋力や骨密度を維持するために、体重の増減よりも注目するべきは「身長」です。

人の身長は、加齢によって、早ければ40代頃から少しずつ縮んでいくものですが、高齢になって急に背が縮んだ場合、骨密度の低下（骨粗しょう症）や、背骨の骨折、もしくは筋肉量が減少している可能性があります。わたしも年に1度の身体測定では、体重よりも身長の方を「縮んでいないかな？」とチェックしています。

若いころ熱心に働いていた人ほど、定年後にぐっと運動量が減り、筋力が低下しがち。骨や筋肉・関節などの運動器に異常が現れ、立つ・歩くなどの機能が低下する「ロコモティブシンドローム」の患者数は、予備軍を含めると、全国で約４７００万人にのぼるとされています。さらに高齢になると、気を付けたいのが「サルコペニア（筋肉減少症）」。筋肉量が減ることで、筋力・免疫力が低下し、血糖値も高くなります。そしてさらなる加齢で「フレイル（虚弱）」状態になると、骨折による寝たきり状態につながりやすくなります。

筋力を保つために必要なたんぱく質の1日の摂取推奨量は、女性の場合は50g。*これは18歳の若者から75歳以上のわれわれ世代まで、ずっと同じ値です。歳をとったから肉や魚はたくさん食べなくていい、粗食が健康によい、というのは大きな間違い。シニア世代だからこそ、肉や魚、卵、乳製品、大豆食品などで、たんぱく質をしっかり摂取しましょう。お肉なら「自分の手のひらサイズの分量を毎日摂る」を目安にするとわかりやすいですよ。

*男性の推奨量は、18〜64歳で65g、65歳以上で60gです。男性の場合も年代による大きな差はないと言えるでしょう。

考え方のヒント

- ✦**シニア世代は体形よりも「健康であること」がいちばん素敵！**
- ✦**体重の増減よりも、注目すべきは「身長」です**
- ✦**筋力低下を防ぐために、肉も魚も卵も、若い頃と同じくらい食べましょう**

「おいしくない」は体からのサイン

あなたは、自分の料理の味が好きですか？　そう尋ねたときに、「いいえ、料理が下手なので……」「わたしの料理、おいしくないんです」こんな答えが返ってくることが少なくありません。謙遜なのかもしれませんが、皆さん、もっと料理に自信をもって欲しいと思います。上手い、下手なんて関係なく、自分にとっておいしい！と思える味ができれば、それで百点満点なんですから。

ただし、今まで通り調理したのに「味が薄く感じる」「なんだかおいしくない」「味つけが決まらなくなった」そんなふうに感じたら、少し注意が必要です。

味覚は舌などにある味細胞で感じるものですが、この細胞は加齢とともに減ってしまいます。70代ともなれば、味細胞の数は若い頃の半分になる人も。今までと同じようには甘み、塩味、酸味、苦み、そしてうま味を感じにくくなるのです。「歳をとると濃い味つけを好むようになる」というのも、こうした理由からです。

味覚を正常に保つためには、さまざまな食材をバランスよく食べること。よく噛んで、唾液を多く出すことも大切です。ラーメンや丼ものなど、一品だけで食事を済ませるのは避けて、レバーや赤身肉、青魚など、亜鉛や鉄分を多く含む食材を摂るようにしましょう。

また、心身の不調も味覚に大きく影響します。「なんだかおいしくない」の陰には、胃腸をはじめとした内臓や、甲状腺の病気が隠れていることも多いのです。もし「食べること自体が面倒」と感じる場合、その食欲不振はうつ病による無気力状態かもしれません。シニア世代のうつ病は症状が見えにくく、重症化しやすいもの。早めに医療機関を受診して、心をゆっくり休めてください。

食事を通して、体はさまざまなサインを送ってくれます。「いつもの味」に変化があったら、少し立ち止まって、最近がんばりすぎていないかな?と自分をいたわってあげましょうね。

memo

処方薬の副作用で味覚異常が起こることもあります。可能性のひとつとして、覚えておきましょう。

その「無着色」に意味はある？情報に踊らされないで

以前、乾物コーナーの棚を眺めていて、ふと気が付いたことがありました。白ごまのパッケージには「無漂白」、そして黒ごまのパッケージには「無着色」の文字が。大きく目立つように書かれたこれらの表示は、商品をより安心なものとして売るため、お客さんの興味をひくための広告文句と見てよいでしょう。

しかし、本当にこんな表示が必要なのでしょうか？　白ごまと黒ごまは別の品種のごまであり、もともと種子の外皮の色が異なるものです。着色や漂白が必要な食品とも思えませんし、なにしろ子どもたちがこうした表示を見た際に「白ごまは黒ごまを漂白したもので、黒ごまは白ごまに色を付けたものなんだ」と勘違いしてしまうのではないかしら？と心配になりました。もしかしたら、大人でもそんな人がいるのかも……。
自然派ブームの影響なのか、ここ最近の食品パッケージには「無添加・天然・○○不使用」といったフレーズがあふれています。そして、栄養学や食品化学をきちんと学ぶこともなく、なんとなく「体によさそう」だからと、そうした商品に飛びついてしまう人も少なくありません。それは、自分の手で食べ物を作らず、誰かが作ったもの——加工品やインスタント食品などを多く食べるようになった現代人ならではの傾向なのでしょう。

わたし自身は、あまり「無添加」にはこだわっていません。健康のために体に入るものを気にするのであれば、ほんのわずかな添加物を恐れるよりも、一日にどれだけ野菜を食べたか、きちんと肉や卵を食べているか、そのバランスに着目した方がずっとヘルシーではないでしょうか。毎日、健康のために料理をしていれば、自ずと「何を食べるか」に意識が向くはずです。

もっともらしい情報には惑わされず、「今、自分の体には何が必要か？」というシンプルな視点で、食品を選ぶことが大切だと思います。

memo

大げさ・まぎらわしい食品表示が増加したため、2024年4月から「無添加」「不使用」などの表示には規制が入ることになりました。

外食はリフレッシュの場 ファミレスだって便利です

自炊を推奨し、家庭でバランスのよい食事を作ることの大切さを伝えてきましたが、外食には外食の魅力があります。若い頃は勉強も兼ねて、さまざまな料亭やレストランを巡りました。国内にとどまらず、海外は南アフリカまで飛んで、知らない食材や味を追求したことも。しかし、そうした食べ歩きは、いつしか付き合いや接待など「仕事の場」となり、形式的な食事が続くと、次第に外食自体に魅力を感じなくなったものです。

そんなわたしが、最近になってときどき利用しているのがファミリーレストランです。年々食べきれなくなるレストランのコース料理とは違って、ファミレスの食事は量もほどよく、シニア世代の需要を考えたつくりになっています。友人と訪れても、金額が手頃なのでおごる・おごらないで採めることもありません。予約も必要ないので、その日の体調で、「行く・行かない」を決められるのも便利ですね。

なによりも驚くのは、システムの進化です。最近ではスマホで予約をし、注文もアプリで完結。料理を運ぶロボットまで登場していますよね。先日、久しぶりに母を連れて行ったところ、彼女もそのロボットに感動していました。

わたしにとってファミレスは、味を楽しむというより、心をリフレッシュさせる場なのかもしれません。親しい人とおしゃべりを楽しみながら食事をして、心の洗濯をする時間。「最近はこんなものが流行っているのね！」と、食のトレンドも学べます。

とはいえ、外食が習慣になってしまうのはよくありません。毎日が外食となると、塩分や脂質などのバランスも気になりますし、「三食作って食べる」のリズムが乱れてしまいます。あくまで外食はストレス解消や社交の場。気持ちを充足させることを目的にしましょう。

70代になった今、無理に高級店で食事をする必要はないと感じるようになりました。大切な人たちと気兼ねなく過ごせる場こそが、わたしにとって最高の外食なのです。

ストック料理をアレンジする際には、葉物野菜の緑、トマトの赤……といった彩りを加えるのも大事。見た目の鮮やかさも味わいのうちです。

手軽でおいしい**つながりごはん**のすすめ

健康の源は、なんといっても一日三食、きちんと食べることです。日々、キッチンに立つことで、五感が刺激され、脳トレにもつながります。

もし体力が落ちて「料理がつらい」と感じ始めたなら、20ページで紹介した「つながりごはん」を試してみてはいかがでしょうか。多めに作った料理をストックしておき、アレンジしながら使い回していく方法です。ポイントは、はじめの料理を「薄味」にとどめること。アレンジしたときに、ちょうどいい味つけに仕上がります。

あなたのアイディアで、さまざまな料理に変身させてみてくださいね。

つながりごはん①

豚肉のポトフ

煮込み料理は大きな鍋で、たっぷり作るからこそおいしい。
鍋を毛布で包み保温調理すれば、ガス代も節約できます。

肉は汁けを除き、フリーザーバッグに入れて冷凍庫へ。野菜は煮汁ごと保存容器で冷蔵保存する（3日間ほど保存可能）。

材料（作りやすい分量）

豚かたまり肉（肩・ももなど）……300g
玉ねぎ……1個
にんじん……1本
じゃがいも……2個
かぶ（茎は3cm残して切る）……2個
セロリ……1本
A
- 固形スープの素（洋風）……2個
- ローリエ……1枚
- 水……5カップ
- 酒……1/4カップ

作り方

1. 豚肉は煮崩れないよう、タコ糸で縛っておく。
2. **A**を鍋に入れて火にかけ、煮立ったら**1**を加えて、アクを取りながら中火で約10分煮る。
3. 玉ねぎは皮をむいて4〜6等分のくし形に、にんじんは皮をむいて3cm厚さの半月切りに、じゃがいもとかぶは皮をむいて縦半分に、セロリは3〜4cm長さに切る。野菜を**2**に加え、再び煮立ったらアクを除いて弱火で約10分煮る。
4. 鍋を火から下ろして蓋をし、毛布か厚手のバスタオルで包み、2〜3時間ほど保温する。
5. 豚肉を取り出し、中央に竹串を刺して透明な汁が出てきたら完成。豚肉のタコ糸を外して1cm厚さに切り、温め直して野菜、煮汁とともに器に盛る。

ポークピカタ

あっさり味の豚肉を、卵の衣でボリュームアップ。
良質なたんぱく質が手軽に摂れる。
筋肉量を保つためにも、一日に「手のひらサイズ」の肉や魚を必ず食べましょう。

材料(ひとり分)

ポトフの豚肉 …… 3切れ
卵 …… 1/2個
トマト …… 1/2個
ベビーリーフ …… ひとつかみ
小麦粉 …… 適量
サラダ油 …… 少々
ケチャップ(または
ピザソース)…… 適量

作り方

1 ポトフの豚肉は解凍し、小麦粉を薄くはたく。
2 卵を割りほぐして**1**をくぐらせ、油を引いたフライパンで両面をこんがりと焼く。
3 ざく切りにしたトマトとベビーリーフとともに、**2**を器に盛る。ケチャップかピザソースをかけて頂く。

さらにアレンジ!

薄く切った豚肉を、チーズやきゅうりとともにパンに挟めば、ランチにぴったりのサンドイッチに。また豚肉を醤油とみりん、砂糖で「角煮風」に煮含めてもおいしい。一度、煮込んでいるのでやわらかい食感になり、歯の弱い高齢世代にも食べやすくなります。

あっさりクリームシチュー

市販のルーは味が濃くて……と感じる人に。
さらっと食べられるヘルシーなシチューは、
「牛乳+クリームチーズ」を加えるだけの手間いらず。カルシウムも豊富で◎。

材料（ひとり分）

ポトフの豚肉……2切れ
ポトフの野菜……150gほど
ポトフの煮汁……1/2カップ
牛乳……1/4カップ
クリームチーズ（個包装）……1個（15g）
かぶの葉……少々
塩……少々
こしょう……少々

作り方

1 ポトフの豚肉と野菜はひと口大に切る。
2 **1**と煮汁、牛乳、クリームチーズを鍋に入れ、中火にかける。
3 混ぜながら温め、クリームチーズが溶けたら塩・こしょうで味を調える。かぶの葉を刻んで加え、器に盛る。

さらにアレンジ！

ポトフの煮汁には、食材の栄養やうまみが染み出ています。カレー粉で風味をつけたスパイシーなカレースープや、トマトの水煮を加えてミネストローネ風にしても。野菜が煮崩れてきたら、牛乳とともにブレンダーで攪拌してポタージュに。余すことなく楽しみましょう。

つながりごはん2

万能そぼろ

鶏ひき肉だけでもおいしくできますが、粉豆腐を加えると、よりふんわり仕上がります。

冷めたら、フリーザーバッグに入れて冷凍保存。なるべく薄く平らにし、菜箸で袋の上から4等分に印をつけておく。パキッと折って、必要な分だけ取り出せるので便利。

材料（作りやすい分量）

鶏ひき肉（もも）……200g
粉豆腐（凍り豆腐をすりおろしたもの）……30g
A
- だし汁（かつお・昆布）……150mℓ
- 醤油……大さじ2.5
- 砂糖……大さじ2
- みりん……大さじ1.5

作り方

1 鍋にすべての材料を入れて箸でよく混ぜ、中火にかける。
2 木べらでかき混ぜながら、12〜15分くらい、汁けがなくなるまで煮る。

三色そぼろ丼

やさしい味で食べやすい丼もの。色鮮やかな見た目もおいしさのうち。

材料と作り方（ひとり分）

卵1個に塩と砂糖各ひとつまみを加えて溶き、サラダ油少々を引いたフライパンに流し入れる。菜箸4本でかき混ぜながら加熱し、炒り卵を作る。どんぶり茶碗にごはんを盛り、温めた万能そぼろと炒り卵、ゆでたさやいんげんの斜め切りを、それぞれ適量のせる。

かぶのそぼろあんかけ

野菜をたっぷり食べたいときに。
そぼろでたんぱく質を加えることで栄養価がアップします。
やさしいとろみで飲み込みやすく、のどが弱ってむせやすくなった人にもおすすめ。

材料(ひとり分)

万能そぼろ…… 大さじ2
かぶ(茎は3cm残して切る)
……1〜2個
だし汁(かつお・昆布)
……1/2カップ
片栗粉……小さじ1/2

作り方

1 かぶは皮をむいて縦に6〜8等分に切り、だし汁でやわらかくなるまで煮る。
2 1に万能そぼろを加え、軽く煮たら、同量の水で溶いた片栗粉を加えてとろみをつけ、器に盛る。

メモ

かぶの代わりに、かぼちゃで作ってもおいしくできる。

さらにアレンジ!

万能そぼろは炒め物にも便利。食べやすい長さに切ったいんげんをごま油で炒め、火が通ったら万能そぼろを適量加えて炒め合わせます。そのまま食べるのはもちろん、炒めるときにチューブ入りのにんにくとしょうがを加え、仕上げにオイスターソースをひと回しすれば中国風の一品に。

つながりごはん3

きのこの薄味煮

きのこ類は低カロリーで食物繊維が豊富。毎日食べて「腸活」しましょう！

材料（作りやすい分量）

しいたけ・しめじ・えのきだけ・舞茸（好みのきのこ3～4種類でも）…… 合わせて300g

A
- 醤油 …… 大さじ3
- 酒・みりん …… 各大さじ2
- 砂糖 …… 大さじ1

冷めたら保存容器に入れて冷蔵。そのまま3～4日ほど保存できる。冷凍する場合は小分けにしてフリーザーバッグに入れて冷凍庫へ。1か月以内に使い切るようにする。

作り方

1 しいたけは石づきを除いて5㎜厚さに切る。しめじはほぐし、えのきだけは根元を切り落として長さを3等分に切る。舞茸は小房に分けておく。

2 鍋に**1**と**A**を入れて中火で煮る。ときどき木べらでかき混ぜながら、12～15分くらい、汁けが少なくなるまで煮る。

香り野菜のきのこ和え

手早く作れるヘルシーな副菜。すりごまの香ばしい風味がアクセントに。

材料と作り方（ひとり分）

クレソンや春菊など、香りのよい葉野菜（葉先のやわらかい部分）適量をひと口大にちぎり、きのこの薄味煮、白すりごま各適量を加えて和える。

きのこ入り卵とじうどん

少し具合が悪いときのために、冷凍うどんを常備しておくと心強いもの。
ふんわり卵、つるんと口当たりのよいきのこを加えれば、
食欲がなくても食べやすく、体がほっと温まります。

材料（ひとり分）

冷凍うどん……1玉
きのこの薄味煮……適量
卵……1個
A
- 水……300㎖
- めんつゆ（3倍濃縮）……大さじ2

作り方

1 鍋に**A**を入れて煮立てる。冷凍うどんを加え、パッケージの指示通りに火を通す。

2 卵を割りほぐし、**1**に少しずつ加える。半熟状になったらきのこの薄味煮を加え、軽く煮たら器に盛る。

メモ

好みで小口切りにした細ねぎや、七味唐辛子を添えても。

さらにアレンジ！

和・洋・中、どんな料理にもよく合うきのこの薄味煮。オムレツの具にしたり、冷や奴・温奴にのせたり、たらなどの白身魚と一緒にレンチンして「きのこ蒸し」にしてもいいでしょう。ベーコンと炒めてポン酢醤油で調味し、ゆでたスパゲッティーと和えた和風パスタもおいしいですよ。

骨・筋肉をパワーアップ！体を作るレシピ

日頃から、食べたものを簡単なイラストを添えてメモしています。その日の天気や、一緒に食べた人との楽しい会話……。そんな思い出も、味の記憶とともによみがえります。

「100歳まで自分の足で歩きたい」、そう願う人は多いでしょう。そのためにも、骨密度と筋力の低下には、健康なうちから注意しておかなければいけません。「わたしはまだまだ大丈夫」と思っている人は要注意。若い頃とは違って、体力の回復にも時間がかかるようになっていますから、骨折や寝たきりになった後で、慌てて対処し始めるのでは遅いんです。

わたしが日々、骨や筋肉のために食べているレシピ4品を紹介します。いずれも手軽に作れるものばかり。32ページ、40ページも参考に、積極的に「骨活」「筋活」に取り組んでいきましょう。

動物性＋植物性のたんぱく質で筋活をサポート

サバ豆腐

サバの水煮缶は健康食材の万能選手です。
脳の働きを維持するDHA、血液サラサラ成分のIPA(EPA)などが含まれるほか、
カルシウムたっぷりの骨まで食べられます。
豆腐とあわせて、たんぱく質もダブルで摂取。

材料（ひとり分）

サバ水煮缶
……1/2缶（100g）
焼き豆腐（または木綿豆腐）
……1/3丁
小松菜……1〜2株
A
- 酒……大さじ1
- 醤油……大さじ1
- 砂糖……大さじ1/2

作り方

1 豆腐は食べやすい大きさに切る。サバは大きければひと口大にほぐす。小松菜はざく切りにする。

2 鍋に水煮缶の汁と**A**を入れ、**1**を加えて煮る。小松菜に火が通り、全体が温まったら完成。

メモ

好みで七味唐辛子を振ってもおいしい。味つけ済みのサバ缶を使用する場合、調味料は少なめに。

カルシウム・マグネシウム・ビタミンKを一度に摂れる

じゃこ海苔納豆の手巻き風

納豆に含まれるマグネシウムとビタミンKが、
カルシウムが骨に定着するのを助けます。
また少量のお酢を加えることで、カルシウムの吸収がよくなる効果も。
じゃこの香ばしさが後を引き、お酒にもよく合います。

材料（ひとり分）

ちりめんじゃこ …… 大さじ2
ひきわり納豆 …… 1パック
貝割れ大根 …… 1パック
焼き海苔（4切）…… 3枚
酢 …… 小さじ1
ごま油 …… 少々

作り方

1 貝割れ大根は根元を切り落とす。フライパンにごま油を熱し、ちりめんじゃこをカリカリになるまで炒める。
2 ひきわり納豆に酢と**1**のちりめんじゃこを加えて混ぜる。焼き海苔に等分にのせ、貝割れ大根も同様にのせてくるりと包む。

毎日のおやつを骨活タイムに。子どもも大好きな味

くるみ入り牛乳もち きな粉がけ

牛乳は苦手、という人にも試して欲しい簡単おやつ。
特有のにおいが消えて食べやすくなります。
イソフラボンや食物繊維が豊富なきな粉をかければ、栄養バランスも抜群。
孫と一緒に作っても楽しいですよ。

材料（作りやすい分量・約ふたり分）

A
- 牛乳 …… 1カップ
- 片栗粉 …… 大さじ4
- 砂糖 …… 大さじ1

くるみ（素焼き・粗みじん）…… 大さじ2
きな粉・黒蜜 …… 各適量

作り方

1 Aを鍋に入れてよく混ぜ、弱火にかけて木べらでかき混ぜながら煮る。もっちりとしてきたら、水で濡らしたバットに平らに流し、表面にくるみを散らす。粗熱が取れたらラップをかけて、冷蔵庫で冷やし固める。
2 食べやすく切り分け、器に盛ってきな粉と黒蜜をかける。

たっぷり野菜で腸をきれいに！

レンジ蒸し野菜と豚肉の小鍋

なんだかビタミン不足……と思ったときに、レンジで作れる蒸し野菜をストックしておくと重宝します。小鍋仕立てのほか、オムレツや炒め物の具にしても。

材料（ひとり分）

レンジ蒸し野菜……1/3量（約130g）
豚薄切り肉（バラ・ロースなど）……80g
絹ごし豆腐……1/3丁
しいたけ……2個
A［水とレンジ蒸し野菜の蒸し汁……合わせて300mℓ
酒……大さじ2
醤油……小さじ2］
柚子胡椒……適宜

作り方

1 しいたけは石づきを除いて薄切り、豆腐はひと口大に切る。
2 土鍋に**A**としいたけを入れて中火にかける。煮立ったら豚肉を加え、アクを除きながら軽く煮る。
3 豆腐とレンジ蒸し野菜を加えてさらにひと煮し、温まったら完成。好みで柚子胡椒を添える。

レンジ蒸し野菜

材料（作りやすい分量）

白菜（またはキャベツ）……2〜3枚
かぶ（葉付き）……2個
ねぎ……1本
にんじん……1/3本
A［酒……大さじ2
鶏がらスープの素……小さじ2
粗びき黒こしょう……少々］

作り方

1 白菜の葉は2〜3㎝幅に切り、軸は2〜3㎝幅のそぎ切りにする。
2 かぶは皮をむいて縦半分に切り、5㎜厚さに切る。にんじんは皮をむいて薄い半月切りにする。
3 ねぎは5㎜幅の斜め切り、かぶの葉は3㎝長さに切る。
4 耐熱のボウルに**1**、**2**、**3**を順に重ね入れ、**A**を混ぜて加える。ラップをふわっとかぶせて600Wの電子レンジで6〜7分加熱し、そのまま10分おく。
5 ラップを外し、全体をさっと混ぜる。

ボウルのまま、冷蔵庫で3〜4日保存可能。

第2章

心と体を健やかに保つために

運動音痴でも続けられる キッチン運動術

残念なことに、わたしは生まれながらの運動音痴です。小学校の運動会でのかけっこは、いつもビリ。跳び箱も跳べませんし、逆上がりもできません。母はかつてバレーボール選手として活躍し、父もスキーやスケート、水泳などなんでも得意でスポーツ万能。運動神経抜群の両親のもとに生まれましたが、その才能はわたしには遺伝しなかったようです。

それでも「健康のために運動をしなければ！」と思い、サルサを始めてみたところ、リズムにまったくついていけず2か月で退会。護身術にと思って始めた合気道も、長続きしませんでした。水中ウォーキングやボールエクササイズも挑戦しましたが、いやはや、運動を続けるというのは難しいもの……。しかし、ヨガだけは例外だったのです。

スポーツクラブでのヨガレッスンは10年間続けることができました。長い髪をなびかせた、素敵な先生に刺激を受けたのも、続けられた理由のひとつ。それに、ヨガは運動神経の良し悪しはあまり関係なく、ゆっくりと筋肉を動かすポーズの繰り返し。「ばぁばはリズム感ゼロ！」と孫に言われているわたしですが、ヨガは自分に合っていたようです。子どもの頃に習っていた日本舞踊（京舞）の動きにもどこか似ていて、そんなところも相性がよかったのかもしれません。

コロナ禍のお休みを経て、今は別の先生の「リモートヨガ」を継続中。YouTubeで配信しているヨガレッスンで、iPad越しに習うのですが、自宅にいながらできるのもいいですよ。寝る前に、静かに体を動かす習慣を身につけてから、睡眠も深くなりました。

ヨガだけではなく、普段からしている家事も、運動の一環と考えています。コンパクトな住まいでも、常にきれいに保とうと思えば、掃除で意外と体を動かすもの。家のあちこちを掃除して、階段を上り下りしながらゴミ捨てや郵便の受け取りなどをしていると、結構な運動量になります。

わたしが一日の多くの時間を過ごすキッチン。ここでも毎日ちょっとした運動を取り入れています。たとえば料理をしている最中は、足元に「青竹踏み」を置いて、気が向いたときにふみふみ。また骨を頑丈に保つため、両足のかかとを上げて床にストン！と落とす「かかと落とし」もたびたび実践しています。骨の発育には重力や刺激が大切。足の骨に刺激を与えることで全身の骨細胞に伝わり、骨を作る骨芽細胞が元気になるのです。同時に脚全体の筋肉も鍛えられるので、転倒予防にもおすすめ。立っている時間が長ければ、自然と体に重力がかかりますから、座りっぱなしにならないことも大事です。

こうした小さな努力のおかげか、わたしの骨密度は同年代と比べて148％、若い世代と比べても108％と、今のところ絶好調！　腰痛などもありません。もしかしたら、スリッパの代わりに草履を履いていることも影響しているのかもしれませんね。草履を履いたときの「踏みしめる」感覚が好きで愛用していますが、足の重心がかかと寄りになり、足全体でバランスを取れるようになります。冬は足袋ソックスを履けば、一年中使えます。

また、日常生活で体力のチェックも欠かしません。元気がある日は少し離れたスーパーまで買い物しに出かけ、「青信号の間に、早歩きであの歩道橋まで歩けるかな?」と自分をテストしているんです。そして買い物の帰り道には、上半身の筋力をチェックします。2kgぐらいの荷物を自分で持って帰れなくなったら、それは筋力低下のサイン。そうならないよう、自分の体に少しずつ負荷をかけながら「買い物筋トレ」をしています。

運動音痴のわたしでも、楽しみながら体を動かし、筋力や柔軟性を保つように心がけています。小さなことでも、継続は力なり。自分に合ったペースで、無理なく続けられる方法を見つけることが大切だと思います。

考え方のヒント

- ✦運動が苦手でも、自分に合う運動を見つけて楽しむことが継続のカギ
- ✦キッチンだって運動スペースに。青竹踏み、かかと落としもおすすめ!
- ✦買い物の帰り道に体力チェックをして、筋力低下のサインを見逃さない

「ボケるわね」と思って暮らしましょう

顔がしわくちゃになろうとも、頭のなかはいつまでもシャキッと、若々しく。これからの超高齢化社会においては、誰もが理想とする老い方ではないでしょうか。

残念ながら、今のところ認知症を完治させる特効薬はありませんから、ひとりひとりが努力して、認知症予防に取り組まなければなりません。わたしも日頃から「脳トレ」を意識しながら生活しています。

なかでもいちばん「脳が動いているな」と思うのが、料理をしているとき。毎日の習慣として、なんとなく食事の準備をしている人がほとんどだと思いますが、料理をしている最中、人は想像以上に考えているものです。料理の「理」はことわり、つまり物事を順序立てて考えること。まずはその日の献立を考えるところからはじまり、スーパーでは新鮮で手頃な食材をじっくり見比べ、キッチンに立てば火加減を見ながら材料や調味料を次々に用意して、仕上がりに合わせた器を選び……、改めて思い返すと、ずいぶん頭を使っていると思いませんか？

スーパーに着いてから「今日の献立はどうするんだっけ？」なんて考え始めるようでは、まだまだ半人前。料理ができ上がってから、のんびり器を探していたら、いちばんおいしい食べ頃を逃してしまいます。料理に大切なのは、先々のことを常に考えて行動する「先回り思考」です。これを一日三食、繰り返すわけですから、認知症予防のトレーニングにはぴったりですよね。

とはいえ、アルツハイマー型認知症の発症には遺伝などの要素も深く関わっているそう。つまり、いくら脳トレに励んでいても「ボケるときには誰でもボケる！」ということ。脳の健康には注意しつつも、心のどこかで、「まあ、わたしもそのうちボケるわね」とあきらめておくのが健全なのではないでしょうか。

常に「自分だけはボケないはず」と気を張っていると、いざ理解力や判断力が低下してきたときに、その事実を受け止められず、ショックを受けてしまうのではないかと思います。むしろ「ボケていくのは当たり前」と意識して生活することで、「自分の脳が働かなくなったときに、どうすれば安全に暮らせるかな？」と備えておけます。いずれそのうち……と先送りにして、ボケてから慌てるのではなく、今のうちにできる限りの対策を講じておくことで、将来、認知機能に問題が起こっても、無事に過ごすことができるはずです。

ボケることを前提にしておけば、事前に対策が取りやすくなります。なくしてはいけない書類をひとまとめにしておいたり、お金の管理について家族と話をしておいたり、診て欲しい病院や介護サービスを探しておくこともできるでしょう。たとえ完治はできなくとも、早期発見によって改善できる症状もあるのです。

わたしは「もし調理中に鍋を焦がすようなことがあれば、自分の認知機能が低下したサインだ」と、医師に相談するタイミングを決めています。嗅覚が弱くなることも、認知症の前兆のひとつ。だから高齢になると、鍋を焦がす人が多いんですね。今のところ、愛用のキッチンタイマーを使っているおかげもあり、鍋はきれいなままです。

つい先日もお気に入りのアクセサリーが見当たらず、家中をさんざん探してしまいました。「通帳が見つからなくて慌てた」「お金を振り込んだかどうか忘れてしまった」、そんな話を同世代の友人から聞くことも増えました。失敗談ばかりで思わず笑ってしまいますが、そんな話も共有することで、お互いの教訓になります。

「ボケるわね」と思って暮らすことは、ただの開き直りではありません。老いとともに生きるためのひとつの知恵。認知力の低下を恐れるのではなく、受け入れ、適応しながら自分らしく生きること。過去の自分に執着せず、余生をさらりと生きていきたいものです。

考え方のヒント

✦日頃から「先回り思考」が身につく料理をして、脳を活性化させましょう
✦「ボケて当たり前」と受け入れて、安心して暮らせるようできる限りの対策を
✦うっかりの失敗談は、時が経てば笑い話に。誰かにとって教訓になるかも

頼れる医師との出会い方

大きな持病はありませんが、セルフチェックとして家庭での血圧測定と、年に1度の健康診断、病院での骨密度の検査を受けています。

それに加えて、「かかりつけ医」がいると心強いものです。不調を感じたときはもちろん、とくに問題がないときでも気軽に相談できれば、ひとり暮らしでも安心。医師にもいろいろなタイプの人がいますから、自分と相性のいい先生を見つけておくのがいいと思います。

「頼れる医師」といっても、大病院の肩書きや権威はあまり重要だとは思いません。それよりも、人柄がよく、こちらの話をしっかり受け止めてくれて、話していて元気がもらえるような内科の医師を「かかりつけ医」におすすめします。

わたしのかかりつけ医は、ご夫婦で経営されている近所のクリニック。年齢はわたしより少し若いくらいの同年代です。とても話しやすくて、いつも丁寧に説明をしてくださるところが気に入って、なにかあればお二人に相談するようになりました。

相性のいい先生と偶然出会えたら、本当にラッキーなこと。でももし、今通っている病院の治療方針に疑問があったり、「もっといい先生がいるのかも……」と少しでも感じたりしているのであれば、早めに行動を起こすべきだと思います。

わたしも以前は、別のクリニックの男性医師に診てもらっていたのですが、「もっと気軽に話せて、自分と年代や環境が近い先生はいないかな?」と考えていました。そんなときに、区の予防接種を受けることになり、せっかくなら別の病院に行ってみようと思い立ったのです。あまり遠方だと、具合が悪いときに通いづらいため、自宅から近い病院のなかから、インターネットのクチコミで評判のよさそうなクリニックを探して予約。クチコミも思いのほか役に立つもので、運よく、今の先生に出会うことができました。相性のいい医師を見つけることは少し大変かもしれませんが、市や区の検診や予防接種の機会を利用して、「お試し」

で病院をいくつか訪ねてみるのはいかがでしょうか。

ささいなことでも医師に相談できると、病気の早期発見や予防にもつながります。わたしのかかりつけ医は、同年代のわたしに「あなたも調べておくと安心よ」と腎臓がんの検査をすすめてくれました。また慢性的な頭痛に悩んでいたときにも脳のＭＲＩ検査を手配してくれ、結果として何事もなく、安心できました。こうした細やかな気遣いは、同年代で、信頼関係が築けているからこそだと思います。

医療関係者いわく、これからは遺伝子の分析が診断の主流になるそうですね。長生きするほどに、親の遺伝的な要素が体質に出てくるのだとか。わたしの両親はともにコレステロール値が高く、腎臓が弱い体質だったので、少しでも不調があればすぐに医師に相談できるよう、日頃から注意して過ごしています。

一方で、歯のケアに関しては、最新の技術と設備が整った、わたしよりずっと若い先生が経営する歯科医院がイチオシ。こちらもインターネットで、通院しやすく評判のよい歯科医院を見つけて通い始めましたが、とくに歯科衛生士さんのケアが素晴らしく、就寝用マウスピースの使い方や、噛み合わせ改善のための舌の運動など、「こんなことまで?」と思うほど細やかに指導してくれます。歯科医療の技術も内容も、昔と比べるとずいぶん進化しているよう。毎回のように先生から最新情報を教えていただき、本当に勉強になります。

病院での経験といえば、必ずしもいいものばかりではありません。過去に父や夫が入院した際には、疑問の残る対応を受けたこともありました。患者が高齢の場合、治療内容だけでなく、細やかな気配りがあるかどうかで、精神的負担も回復の度合いも大きく違います。信頼できるかかりつけ医を持つことが、健康寿命をのばすための大きな一歩だと思います。

考え方のヒント

✦自分と相性がいい「かかりつけ医」がいると、心の安心材料に

✦気軽に相談できる医師がいれば、病気の早期発見にもつながります

✦進歩がめざましい歯科医療。設備や技術が最新の歯科医院を探しましょう

不安を減らすには、動くしかない

シニア世代において、気分の落ち込みや食欲不振、生きがいや興味の消失といった、いわゆる「老人性うつ」の症状で悩む人が増えています。60~70代は退職や子どもの独立など、大きな環境の変化が起こりやすい頃。誰でもふとしたことから精神のバランスが崩れてしまうものです。家族との死別がきっかけとなることも多いでしょう。

心の不調のもうひとつの原因は「病気や認知症になったらどうしよう」「お金がなくなったらどうしよう」といった、漠然とした不安感ではないでしょうか。未来のことをあれこれ心配しすぎて、「今の自分」のケアがおろそかになっている人が多いように思えます。

結局のところ、この不安感を取り除くためには、自分自身で行動するしかありませんね。

精神科での診察や薬も助けにはなりますが、それは一時的な対処法。不安を生み出している原因が残ったままでは、また心のバランスを崩してしまいます。病気が不安なら検査に行く、貯金額が不安なら思い切って専門家に相談する、家族と話し合う……。こうして「不安の根っこ」を自分自身で減らしていく努力こそが、精神を健やかに保ってくれます。

「最近、心がふさいでいるな」と感じたら、食事のリズムを見直してみるのもいいでしょう。「時間栄養学」という言葉をご存じでしょうか？　同じものを食べても、食べる時間帯によって体に与える影響に違いがあるという、近年、注目されている考え方です。

とくに大事なのが、体内時計をリセットする役割をもつ、朝ごはん。気分が沈むと料理がおっくうになり、食事のタイミングもバラバラになってしまいがちです。なるべく毎日、決まった時間に朝食を食べることを習慣にしていきましょう。最初は一汁一菜だけでも、市販のお惣菜などを利用しても構いませんし、もっと手軽にしたければ、食パンにハムとチーズを挟んだものでもいいんですよ。生活リズムを作ることが大切です。

元気の源である神経伝達物質・セロトニンは、規則正しい生活と睡眠がないと作られにくくなります。そのためにも大事なのが「早寝・早起き・朝ごはん」。朝の光を浴びて、目の網膜に光を取り入れる。そして朝ごはんをしっかり食べる。これだけでも自律神経が整い、心も落ち着いて過ごせるはずです。

食と人間との関係は、ただ「体に栄養を補給する」だけではありません。食べたものはわたしたちの行動や思考回路、そして心にまで影響を与えています。

江戸時代を生きた観相学の達人に、水野南北（みずのなんぼく）という人がいました。牢獄のなかで罪人として過ごしたのちに「観相学」を学んだ人物で、占う人と一緒に食事をすることで、その人の性格や運勢を読み取ったそうです。「食占い」と言ってもいいでしょうね。

わたしもその考えに興味を持ち、食事の傾向を観察する調査をしたことがあります。するとおもしろいことに、「こういう人は、こういう食事をする」という性格や行動パターンの傾向がはっきりと見えてきたのです。「食べ物は人をつくる」とはまさにこのこと。食事の仕方で行動が変わり、行動が変わると運勢も変わっていく——これが水野南北の教えです。

「運が悪い」「自分は不幸だ」とネガティブな気持ちになりがちな人は、まずは食事を改善してみるといいかもしれません。それによって体が健康になり、健康になると明るい視点を持てるようになり、周囲の人々との関係もよくなるでしょう。そこから情報が集まり、新しいチャンスが生まれ、運気もアップするかもしれませんよ。

70年も生きていれば、誰だって気分が落ち込むタイミングがあります。そんなときこそ、あまり気に病まず、「よくあることね」と不調な自分を受け入れる心の余裕が大切です。殻に閉じこもらず、なるべく周囲に自分のことを話すようにして、「こないだ、またやっちゃったのよ〜」と失敗談を笑い飛ばせるような心もちでいたいものです。

考え方のヒント

✦心がふさぎがちなときこそ、「早寝・早起き・朝ごはん」
✦食事の仕方を見直すことで、運気も上向きに変わるかも！
✦調子が悪い日の自分を、「こんなときもある」と受け入れましょう

「怒り」で解決するものはありません

わたしは楽天家というのか、お気楽な気質というのか、「あまり怒らないね」とよく言われます。怒るくらいなら未来を見据えて、「やれることをやっておこう」という考え方なので、怒りが溜まるということがなく、ストレス発散の必要もありません。よく「ストレスからの暴飲暴食」なんて言葉を耳にしますが、そんなのは食べ物に対しての冒涜！と感じてしまいます。怒りに身を任せることが、いい結果を生むとは思えませんからね。

加齢とともに、怒りっぽくなる人が多いようです。老人性のストレスとも言われていますね。若い頃の自分と比べて「もっとできるはずだ」と感じることが、イライラや怒りにつながるのかもしれません。しかし、怒っても状況がよくなるわけではありません。年齢とともにできないことが増えていくのは自然なこと。むしろ、そうした変化を受け入れ、前向きにあきらめることが、心の安定につながるのではないでしょうか。

100歳の母は、80歳を過ぎた頃から少しずつ怒りっぽくなっていったように思います。かつては穏やかな性格だったのですが、老齢となってからは徐々に不機嫌な日が増えました。加齢で動きが鈍くなった父が食べ物をこぼすと、それに対して怒り、感情的に叩いてしまうようなことも……。その姿を見て、わたしは「母が父を世話するのは難しくなった」と判断し、父を介護施設に預けることに決めました。母は他人を気遣う余裕を失ってしまったようでしたが、それもまた加齢による自然な変化の一部だと理解しています。

母の変化を見ながら、「悲しい」という気持ちより、むしろ多くのことを学びました。ときにはあきらめることや、過去にしがみつかず、柔軟に変化を受け入れることがいかに大切かと気付かされたのです。

父が入居するための施設が見つかった際も、母は「わたしが将来、老人ホームに入るお金がなくなる」と自分の心配ばかり。このような状態では、父と母がこのまま一緒にいても、いいことはないだろうな、と思いました。父の施設入居にも関心をもたず、自分のことだけを考えるようになってしまった母。けれども、それを責めてもどうにもなりません。加齢によるものとして受け止めるより、ほかにないのです。

やがて、ひとり暮らしになった母もホームに入居し、今では穏やかな日々を送っています。人は歳を重ねると、どうしても世界が狭くなり、ストレスに弱くなるもの。母の姿を通じて、わたしもその現実を受け入れる力を養いました。

ワクチン接種会場で、医療従事者の方に対して文句を言ったり、スーパーで店員さんに怒鳴ったり……、そんな高齢者を、町なかでもときどき見かけることがあります。彼らの多くは、過去の地位やプライドに執着しているように感じます。会社では部下から「部長」などと呼ばれていたのに、定年退職したら急に「そこのおじさん」と扱われてしまう。女性も同じです。かつて社会的地位の高かった人ほど、周囲の変化を受け入れるのが難しいようです。

しかし、時代が変わるなかで、わたしたち高齢者自身も、考え方を柔軟に変えていく必要があるのではないでしょうか。世の中は目まぐるしく変化し、子ども世代や孫世代はこれからも未来に向けてどんどん成長していきます。一方、わたしたちシニア世代は能力がどんどん衰退していくばかり。それでも接点をもって、共存していかなければなりません。

歳をとることで失うものは多いですが、得るものもたくさんあります。自分の能力が減っていくことを受け入れつつも、周りの若い世代や子どもたち、社会が進化していく姿を楽しむことができれば、心はより穏やかになるでしょう。怒りにとらわれず、前向きに「あきらめる」ことです。自分が変わらなければ、周りは変わってくれませんからね。

考え方のヒント

- **✦怒りに身を任せることで、いい結果を生むことはありません**
- **✦親が怒りっぽくなるのは加齢のせい。仕方がないと受け入れましょう**
- **✦自分や周囲の変化を受け入れ、柔軟に考えることで心が穏やかに**

もし、あなたがつらい状況にあるなら

人生には、時として病気や事故、心身の障害といった、どうすることもできない困難も訪れます。自分自身のことだけに限らず、家族の事情について思い悩む場合もあるでしょう。そんなとき、まず大切にして欲しいのは、「困っている」という事実を周りに伝えることです。これは簡単なようで、実はなかなか難しいこと。人はつらい状況に直面すると、どうしても自分のおかれた現状を隠そうとしてしまうからです。

もし、今あなたが困難な状況にあるなら、どうかひとりで抱え込まず、誰かにその状況を伝えてみてください。「家庭の事情を他人に話すなんて……」と恥ずかしく感じるかもしれませんが、古い友人や知人、病院の先生でも、誰でもいいんです。知り合いに話すのがためらわれるなら、「よりそいホットライン」などの電話相談を利用するのだって、ひとつの手です。少しの勇気を出せば、あなたに手を差し伸べてくれる〝誰か〟がきっといるはず。そして、その一歩が、新しい道を切り開くきっかけになるかもしれません。

長く生きていればいろいろなことが起きますが、わたしが過去を振り返って、いちばん「大変だったなあ」と思うのは、夫がパーキンソン病を患ったときのことです。自分から電信柱にぶつかっていったり、何度も階段から転げ落ちたりと、おかしな行動が続いたのが初期症状でした。「足が勝手に動く」と言うので、病院を受診したところ、パーキンソン病が判明したのです。

療養生活が始まったものの、誤嚥性肺炎を何度も発症し、治療と介護の両方をお願いできる施設がどうしても見つかりませんでした。何度も「うちでは対応できないので、別のところへ行ってください」と追い返され、大学病院や介護施設をたらい回しにされるような状況に。絶望的な気持ちがしました。

わたし自身も仕事との両立で、夫につきっきりではいられません。夫の着替えを運ぶために電車に揺られながら、「この先どうなってしまうんだろう……」と不安になった日のことをよく覚えています。そんななか、施設探しに難航していることを中学時代の友人に話したところ、彼女のお母さんが入所している施設をすすめてもらいました。

結果的にその施設は医療的なサポートが十分ではなく、また新たに入居先を探すことになったのですが、それでも、周囲の助けを得られたことは大きな支えになりました。その後、今度は旧知の仕事仲間に夫のことを話したところ、ある県に名医がいると教えてもらい、その出会いのおかげで、夫にぴったりな施設が見つかったのです。

わたしはこのとき、「本当に困っているんです」と声に出して伝えることがいかに大切かを学びました。ひとりではどうしようもなく、解決できないこともある。「人に何かを頼む、お願いする」ということに抵抗がある人も多いでしょう。でも、誰かに手を差し伸べて欲しいなら、自分のよい面ばかりではなく、ときにはマイナスの部分もさらけ出す勇気が必要なのだと痛感しました。

悩み事を伝えても、知らん顔する人もいるかもしれません。それでも、なかには助けてくれる人もきっといるはず。その人自身には助ける力がなくても、「こういうところに相談してみたら?」と、知恵を授けてくれるかもしれません。そのたったひと言から、解決の糸口を見つけられることも。助けてくれた人は、一生大事にして付き合うつもりです。

逆に、誰かに頼られるのもどこか嬉しいものですよね。あなたも一度は、友人の悩みをただ聞いてあげたり、困っているお年寄りに手を貸したりしたことがきっとあるでしょう。何気なくしたことでも、それが相手にとっては大きな助けになったかもしれません。思いやりはそうやって循環していくもの。遠慮せず、周りに助けを求めていいんです。

考え方のヒント

- ✦ひとりで解決できないことは、誰かに「困っている」と伝えることが大切
- ✦自分の弱さや恥ずかしさをさらけ出し、アドバイスを柔軟に受け入れて
- ✦親切は「持ちつ持たれつ」。助けを求めるのに遠慮は必要ありません

総白髪にあこがれて

以前、化粧品やエステなどに関わる仕事もしていたため、「若さを保つためにはどうしたらいいですか?」「スキンケアはどうしていますか?」といった取材を受けることがあります。なにかエステティシャン専用の、特別な化粧品の情報を期待されているのだと思いますが、あいにく、そんなものはまったく使っていないんです。

洗顔後は、国産のスキンケア用オリーブオイルと、化粧水を使っているだけ。変わったことといえば、化粧水よりも先に、オイルを数滴、顔になじませていることでしょうか。その方が、水分が肌によく浸透するような気がして、ずっと続けている習慣です。エステティック分野での仕事を通じて、いろいろな美容法について学びましたが、それは誰かに「して差し上げる」ためのもの。今のわたしには、シンプルなケアが合っているようです。

化粧品にお金をかけようとは思いませんが、かつては、仕事の関係で高級なクリームを試しに使ってみたこともありました。上質なエッセンシャルオイルを使った化粧品の、素晴らしい香りにはっとさせられたことも。美容には「心のケア」の役割もありますから、化粧品は単に肌を美しくするだけではなく、精神の安らぎや高揚感をもたらしてくれるもの。自分の納得できる範囲で、ときには奮発してもいいと思っています。

この頃ではアンチエイジングという言葉が一般的になり、見た目を若く保つことに絶対的な価値が置かれています。シミやしわを消すための「プチ整形」なども流行しているそうですが……、それって本当に必要なものでしょうか？　お手入れにいくらお金や時間をかけたところで、シミもしわも、いつかは必ず出てくるもの。若返ることなどできないのですから、年齢相応の健やかさがあれば、それで十分、美しいと思います。

わたしは、取材や講演がないときには日焼け止めと、少しの化粧だけで過ごしています。できてしまったシミやしわを厚塗りで隠そうとしても、きりがありませんからね。過剰な紫外線は活性酸素を発生させ、生活習慣病のひき金にもなりますから、とくに夏場はしっかりと対策を。また、紫外線による目へのダメージを防ぐため、外出のときはサングラスをかけることを習慣にしています。

髪についての考えも同じです。顔にはシミやしわがあるのに、髪だけ真っ黒というのも、なんだか不釣り合い。白髪を無理に隠すのではなく、上手に活かした自然体のヘアスタイルを楽しみたいなと思っています。最近は「グレイヘア」が流行していて、白髪でも、それをひとつのファッションとして捉える方が増えていますよね。わたしとしては、すべて真っ白のスタイルにあこがれているのですが、孫から猛反対されてしまい、ついに根負け（笑）。今のところは明るめの色に染めています。本当は、総白髪にうすく紫色のカラーを入れた〝おしゃれな白髪〟を楽しみたいのですが、それはまだ少し先のことになりそうです。

髪の量も、いずれはもっと少なくなっていくことでしょう。周りにはオーダーメイドのウィッグを愛用している人もいますが、わたしなら、素敵な帽子をかぶって出かけたいですね。帽子をデザインする学校に通って、自分好みの帽子を作れるようになれたらいいな、という夢もあります。見た目の変化をネガティブに捉えず、「白髪になったらどんな服が似合うだろう」と考える方が、おしゃれの幅も広がりますし、張り合いが出ると思いませんか？

肌も髪も、その主成分はたんぱく質です。ですから日々の食事で、必要な栄養素をしっかり摂ることの方が、無理やりしわを伸ばそうとするよりも効果的なはず。老いに逆らおうとせず、「笑いじわがチャーミングですね」と言われるような、はつらつとした女性を目指したいものです。

考え方のヒント

✦スキンケアは「今の自分」が満足できるものを。心のケアも重要です
✦シミやしわを無理に隠すより、年齢相応の美しさを目指しましょう
✦白髪だっておしゃれの一部。ネガティブに捉えることはありません

そのサプリメント、お金の無駄かもしれません！

日本人の食生活は、マスコミや広告業界の作り出すトレンドに、いつの時代も影響されてきました。サプリメントに代表される「健康食品」も、そのひとつです。

日本でサプリメントが流行し始めたのは１９９０年代頃。「この栄養素が足りないと調子が悪くなる」「この栄養成分にはこんな作用がある」といった知識が一般の人たちの間でも徐々に広まり、身近な存在になっていきました。

そして、今ではドラッグストアや通信販売を利用して、誰もが簡単にサプリメントを手に入れられる時代に。テレビＣＭの魅力的なキャッチコピーに購入意欲をかき立てられる人がたくさんいる現状に、管理栄養士としてはいろいろと心配になることもあります。

サプリメントは、栄養についてきちんと学んだうえで、食事の「補助」として適切な量を摂るならば、効果的かもしれません。たとえば、アレルギーで食べられない食品がある人。または病気の治療中で食事制限がある人。そういった方々が専門家のアドバイスを受け、「ある栄養素が明らかに足りていない」と判断して使用するのは構いません。

けれども、広告から都合のいい情報だけを信じて、「これさえ飲んでおけば大丈夫！」とやみくもにサプリメントを摂取するのはよくありません。自分にとってその栄養成分が足りているのか、いないのかもわからないまま、むやみに摂取しても、多くの場合、余分な成分は体外に排出されてしまうだけ。お金の無駄になるばかりか、過剰になれば健康に悪影響を及ぼすことも。

サプリメントを適切に使用するには、信頼できる薬剤師に相談して、体質や健康状態、薬との飲み合わせなどを相談しながら選ぶ必要があります。サプリメントを販売している製薬会社や、薬局の窓口にアドバイザーがいることもあるので活用してみてください。かかりつけ医と同様に、何でも相談できる薬剤師さんのいる〝かかりつけ薬局〟をもつのもいいですね。

自分の最期を考える

60代で、住まいの規模を3分の1にする〝ダウンサイジング〟を実践し、暮らしをコンパクトにしました。自分の人生の「締めくくり方」を少しずつ意識するようになったのも、ちょうどその頃。70代になった今、これからの未来に向けて、「自分にとって不要なものを手放して身軽になれば、日々を心軽やかに過ごせるのでは」と考えるようになりました。

自分が最期を迎えるときに、家族や周りに負担をかけることなく、どれだけ身軽になっていられるか――。これまで洋服や食器などの「もの」はずいぶん処分してきましたが、70代以降は「過去への執着を捨てる」や「ひとつの方法にこだわるのをやめる」といった、精神的な意味での整理整頓が必要になってくるのかもしれません。

終末期医療について考えておくことも、その一環です。夫がパーキンソン病を患い、入院中に医師から胃ろうを提案されたときに、わたしは反対しました。もし自分なら、口から食べられなくなることに抵抗を感じるだろうと思ったからです。一方で、娘は胃ろうに賛成。「できる医療ケアがあるならば、するべきだ」という理由からでした。

これから長く生きるのは、わたしよりも娘。「あのときお母さんが反対したから……」と後悔させないよう、彼女の選択を尊重することにしました。娘が決めたことならきっとよい結果につながるはずだと、夫も同意。死ぬ前になるべく多く娘と会いたい、という希望もあったようです（実際には病状の変化もあり、なかなか叶いませんでしたが）。

さて、次はわたしの番。

夫を看取った経験から、終末期医療について、改めて考えを整理することができました。そして「もし病気などで衰弱したときには、一

資産情報や葬儀の希望を記したエンディングノートと、終末期医療に関する意思表明書。エンディングノートを作成している人はたった８％だそうですが、残される家族のために準備しておくべきだと思います。

切の延命治療は希望しない」という意思表明書にサインをすることにしました。ほかに要望として記したのは、苦痛を取り除くための緩和ケアは最大限行って欲しいこと、もし植物状態に陥った場合には、生命維持のための措置を取りやめて欲しいこと、そして、わたしの命を助けるために尽力してくださった医師や看護師の皆さんには、心から感謝しているということ。ひとつひとつの項目について、じっくり考え抜いたうえで署名しました。

どんな状態になっても、一日でも長く生きていたい、という人の思いも否定はできません。ただ、わたしにとって「食べることは生きること」。自然にものが食べられなくなったなら、そのまま静かに衰えていくのも悪くないのではないでしょうか。

大きな決断は「病気になってから考えよう」ではなく、健康な今のうちに考えておきたいもの。自分自身で決めたことですから、今回は娘も同意してくれています。

ここ数年を振り返ってみても、震災やコロナ禍など、想像してもみなかった出来事が次々と起こっています。この先、自分の力では変えることができない困難もきっとあるでしょう。

これから病気や死、災害などに向き合ったときに、どのように行動するかは、70年以上生きてきた経験を試されるものだと思っています。自分にふりかかる運命に対して、後悔しない選択をするためにも、常に「人生の最期」を意識して暮らすことが、今のわたしにとって、そして高齢者ひとりひとりにとっても、大切なのではないかと思います。

考え方のヒント

- ✦この世に残すものが少ない方が、周りに負担をかけず心軽く過ごせます
- ✦人生の最期の迎え方、考え方は人それぞれ。家族ともよく話し合いましょう
- ✦なにが起こるかわからない時代。健康なうちに「人生の最期」を意識して

第3章

充実した一日は、安全な住まいから

10年後、20年後のために、住まいを整える

60代半ば頃から、未来の自分のために、食・衣・住のあり方を見つめ直し、できる限り生活をコンパクトにしてみよう、と考えるようになり、そのことを『60代の暮らしはコンパクトがいい』（三笠書房）という本にまとめました。本のなかでも「住まいのスペースを3分の1に減らした」という部分に、皆さん興味を持っていただけたようで、雑誌などでも何度か取材を受けました。それから10年が経ち、あの選択はやはりよかったなと、しみじみ思っています。

過去にかたをつけ、未来のことを考えようと計画し始めたのは、娘が独立し、自分自身の老後と向き合うようになったことがきっかけでした。30年ぶりのひとり暮らし。「これからの人生をどんなふうに、何を大事にして生きたいか？」と自分に問いかけたとき、人間の生活リズムや居場所をつくる「食」のことがいちばんに頭に浮かんだのです。

そこで思い至ったのが、「キッチンを中心にした間取り」。思い切って自宅をリフォームしました。それまで20年前に建てた3階建ての家に住んでいましたが、各フロアを独立した住居として建て直し。住むのは3階部分だけにして、1・2階は賃貸に出しました。自分の住居をあえて3階にしたのは、毎日の階段の上り下りで、足腰を鍛えるためです。

新しい住まいの間取りは1LDK。玄関を開けるとすぐにキッチンが丸見えなので、遊びに来た人に驚かれることも！　部屋の中心の大きなスペースをアイランドキッチンが占め、ドアで区切らないオープンなつくりになっています。キッチンとリビング兼書斎が、20畳ほどのひと続きの空間になっていて、その奥には、約4畳の寝室を設けました。

オープンな間取りにしたことで、エアコンの空気が家全体に循環し、温度管理がしやすいというメリットもあります。でも、それ以上に、キッチンからリビング、寝室まで、家全体をひと目で見渡せることが、なによりも快適です。

歳を重ねれば、耳も目も悪くなります。記憶力も、これからは低下する一方。安全のためには、火の始末や、電気の消し忘れ、窓の閉め忘れなど、気を付けなければならないことも多くなるでしょう。わが家のようなコンパクトな間取りならば、出かけるときにも玄関から部屋を眺めればすべてが一目瞭然。余計な心配や手間が減りました。

リビング以外にも、快適に過ごすための小さなこだわりを詰め込んでいます。トイレ・洗面台・洗濯機置き場は、海外のホテルを参考にしてひとつながりの空間に。書斎の棚はすべて造り付けにすることで、新しい家具を買わずに済みましたし、地震対策にもなっています。収納スペースはあればあるだけ物をしまい込んでしまいますから最小限にして、荷物はそこに入るだけにしました。こうすることで毎日の片付けも楽になりました。

10年後、20年後、今と同じように体が動くかはわからない――そう「先回り」して考えながら作った、お気に入りの住まいです。

昔も今も、ステータスの象徴として「広々と暮らせる家」「大きな家」を求める人がたくさんいます。広い住まいは子育てや仕事をする場としては便利なものですが、「シニア世代のひとり暮らし」というライフスタイルが一般的になりつつあるこれからは、小さな住まいの利便性も見直されていくのではないでしょうか。大規模なリフォームまではしなくとも、「2階は使わないことにして、1階だけを生活空間にする」など、部屋の使い方を工夫することで、自分に合った心地よい暮らしが実現するかもしれません。

わたしは最近、環境負荷の少ない「自立した住まい」に興味があり、貯水システムや、家庭用ゴミ処理機などの設備について調べています。もちろんわが家には太陽光パネルや蓄電池も取り付け済み。家はこれからの人生、長い時間を過ごす場所ですから、「これでいいや」と妥協せず、常によりよい形を考え続けることが大切なのだと思います。

考え方のヒント

- **✦「これからは、何を大事にして生きたいか?」と考えてみましょう**
- **✦ひと目で見渡せる小さな住まいなら、シニアのひとり暮らしでも安全**
- **✦リフォームしなくても、暮らしをコンパクトにすることはできます**

疲れないキッチンを作りましょう

キッチンを住まいの中心に据えたコンパクトな暮らしは、掃除も楽でいいことずくめ。広すぎない住まいは、生活動線が短く済むため、掃除の手間も最小限に抑えられます。

わが家は玄関からキッチンが丸見えなので、ゴミを置きっぱなしにしておくと、とっても気になります。隠すところがない分、気付いたらすぐに掃除する習慣がつきました。

以前はお掃除ロボットを使っていましたが、コンパクトな住まいではコードレス掃除機の方が便利です。掃除は体を動かすトレーニングにもなりますし、軽量のものを使っているので、さっと取り出せて負担もありません。

毎日立つ場所だからこそ、キッチンには「疲れない工夫」をいくつか取り入れています。たとえば、食品ストックの管理。レトルト食品や缶詰、乾物など、使おうと思ったらいつの間にか賞味期限が切れていた……なんて経験は、きっと誰しもあることでしょう。近年は防災意識が高まっていますから、これらを備蓄している家庭がほとんどですよね。

わたしの場合、長期保存の食品は、「種類ごと」ではなく、「賞味期限の年ごと」に分けて保管しています。あらかじめ、備蓄スペースの棚（かごや引き出しでも）ごとに「202×年」と書いた紙を貼っておくのです。今年、来年、再来年……と棚ごとに分類して、缶詰やレトルト食品を買ってきたら、賞味期限別に収納。手前の商品から順に使っていけば、自然と「ローリングストック」が実践できます。

冷蔵庫のなかのものには、「ふせん」を貼って管理。中身の見えない保存容器に入った食品は、ついその存在を忘れがちです。保存する前に「きっと忘れるわね」と予測し、前面に中身を書いたふせんを貼っておけば、冷蔵庫を開けるたびに目に入ります。ふせんと筆記用具をさっと取り出せるように、引き出しのいちばん上にしまっておくのもコツです。

そういえば、以前、暑い日にテレビの修理に来てくださった男性に、カフェオレと間違えて「自家製めんつゆの牛乳割り」を飲ませてしまったことがありました……！　どちらも透明のボトルに入れて保存していたので、コーヒーとめんつゆを勘違いしてしまったんですね。その日以来、ひと目でわかりづらいものには必ずふせんを！と肝に銘じています（笑）。

調理道具を見直したのも、疲れないための工夫のひとつ。年齢を重ねるなかで、あまり使わなくなった道具や、重くて大きいものは少しずつ処分することにしています。かつて来客用に使っていた、大きなすり鉢やすし桶、パーティー用の大皿などはほとんど整理しました。食器はきれいなものは知人に差し上げたり、地域のバザーに寄付したり。数を最低限にすることで、盛り付けのときにあれこれと探す手間も省けています。

20ページで、日々の料理を楽にする「つながりごはん」を紹介しました。多めに作った料理をストックして、いつでも簡単に、栄養のある食事ができるようにする工夫です。そのためにもフル活用したいのが、冷凍庫。フリーザーバッグに1食分の野菜や肉、魚を小分けにして冷凍しておきましょう。旬の食材はまとめて買うとお得で味もいいので、買ったらすぐに切ったり、ゆでたりして、栄養価を損なわないうちに凍らせるのがポイントです。
また、この時に大きいフリーザーバッグを使ってしまうと、庫内での収まりが悪く、取り出しが面倒です。おにぎり2個分くらいの小さなものに少しずつ食材を入れ、立てて冷凍すると、一食ごとに使いやすくなりますよ。

キッチンでわたしが実践している「疲れないためのコツ」を、思いつくままに紹介しました。ひとつでも皆さんの参考になれば幸いです。

考え方のヒント

- ✦**缶詰やレトルト食品などは、「賞味期限の年ごと」に分けてストック**
- ✦**調理道具を見直して、今の暮らしに必要のないものは処分しましょう**
- ✦**手間の少ない「つながりごはん」のために、冷凍庫をフル活用！**

規則正しい暮らしがいちばんの贅沢

77ページでも紹介した「時間栄養学」。食べるタイミングによって、食事がもたらす健康効果も変わるという考え方です。この時間栄養学によれば、もっとも健康によい食べ方とは、朝昼晩の3食を、規則正しい時間に「3：3：4」のカロリー配分で摂ることなのだそう。わたしも普段から、食事のリズムを大切にしています。

わたしの一日のスケジュールは、だいたいこのような感じです。

❍朝は6〜7時に起床し、身支度やゴミ出しを済ませたら、家の前をさっと掃いて、朝食の準備。朝ドラを見ながらの朝ごはんは、忙しさから解放された今だからこそ楽しめるひととき。

❍午前中に昼食と夕ごはんの準備をしておき、10時にはお気に入りの器でティータイム。こうしてひと息つく時間が、日常に彩りを与えてくれる。

❍昼食は12時頃。仕事や調べものは早めに終え、15時過ぎに2度目のティータイムをとるのが、大切な習慣のひとつ。視力を守るため、文字を読む作業は明るいうちに。

❍夕飯を摂るのは18～19時頃。寝る前に入浴するのが習慣ですが、夏は夕飯前にお風呂に入ることも。

❍22～23時には就寝。

食事の時間は毎日変えずに、その隙間を埋めるようにして別の用事を済ませていきます。

若い頃は、仕事や育児に追われて、何時にご飯が食べられるかわからないような日々を過ごしてきました。今はその忙しさから解放され、自分の時間を自由に使える身。だからこそ、ダラダラしていてはもったいないな、と感じます。きちんと食事の時間を決めて、決まった時間に眠る――そんな当たり前のことがいちばん贅沢だと感じるのです。

他人の目がないひとり暮らしだと、どうしても不規則な食生活になってしまう人が多いようですが、それではせっかく食事を摂っても、栄養を100パーセント摂取できているとは言えないかもしれません。食事の時間をきちんと決めていると、夜は自然と眠くなり、朝も気持ちよく目覚め、自律神経のバランスが整います。お通じも規則的になり、体の調子がよくなるのを感じられるはずです。

スケジュールのなかに、2度の「ティータイム」がありますね。わたしが一日のなかで、とくに大事にしている時間です。20年以上、日本紅茶協会のティーインストラクター会長を務めさせていただいた関係で、紅茶の奥深い魅力に触れる機会がたくさんありました。

お茶を飲むという行為は、のどをうるおすだけでなく、心もほっとさせてくれます。そして、紅茶一杯にも歴史と文化があり、学びが詰まっているもの。たとえば、紅茶の国・イギリスにはままごと用の小さなティーセットがあり、それを使って子どもたちはティーマナーを覚えるんですよ。以前、ハーブとアロマテラピーのお店を経営していた頃に学んだ、ハーブの効用や歴史を思い浮かべながら、カモミールやレモングラス、ミントなどのハーブティーを味わうのも快いひと時。さらに、紅茶を上手に入れることができたときに見られる「ゴールデンリング（茶液の縁が光る輪のように見えること）」が出ていたら、もっとご機嫌です。

午前中のティータイムでは、気分によって、日本茶や中国茶を楽しむこともあります。小皿にほんの少しのお菓子を添えるのも忘れずに。他人から見ればなんてことのない習慣ですが、わたしにとっては午後からの仕事や調べものの活力となっています。

人によってフラワーアレンジや読書、手芸など、家のなかでの楽しみはいろいろ。70年以上生きてきた人生への、ささやかなご褒美のようなものでしょう。ひとり暮らしの醍醐味でもあるこの贅沢な時間を、存分に満喫しましょうね。

考え方のヒント

- **毎日、三食を決まった時間に摂ることで、自律神経のバランスが整います**
- **歳を重ねて、自由に時間を使えるようになったからこそ、規則正しい生活を**
- **お茶の時間は、のどをうるおすだけでなく、心まで満たしてくれます**

睡眠の「お供」を持ちましょう

「眠れない」と悩むシニアの方は少なくありません。でも、よくよく話を聞いてみると、昼間にあまり動いていないのでは?と感じることも。規則正しい生活を心がけ、昼間はなるべく体をたくさん動かし、心地よい疲労感を得ることが、夜間の質のよい睡眠につながります。

睡眠効率を高めるために、わたしは夕飯の後はなにも食べないようにしています。子育てしていた頃は、家族で夕食後のお菓子や果物を楽しんでいましたが、最近では夜になったら消化器官を休め、体内時計をしっかりと調整するようにしています。

そのおかげか、いつも22~23時頃には自然と眠くなるので、毎晩の習慣として、枕元に水などを入れたマイボトルを用意して、床につきます。シーツやカバーは、できるだけ肌触りが心地よい天然素材のものをセレクト。そうすると眠りも深くなるように感じるのです。

寝る前には目を休めて、ラジオやYouTubeの読み聞かせを聴くことが多いです。NHKの「ラジオ深夜便」をかけていると、その落ち着いた声に包まれ、いつの間にか夢のなかへ。また「お気に入りの声」というのもあり、愛聴しているのは、「演劇研究所」主宰・あべよしみさんのYouTubeチャンネルです。彼女の声を聴いていると心が穏やかになり、自然とまぶたが重くなります。

エッセンシャルオイルを利用するのも効果的です。夜には鎮静作用のあるラベンダーの香り、朝には覚醒を促すレモングラスの香りを取り入れてみるのもよいでしょう。たとえば寝る前の入浴時にラベンダーのオイルを湯船に数滴。それを習慣として日々続けることで、香りの記憶と睡眠が結び付き、スムーズな入眠を促す効果が期待できます。

睡眠の質をより高めるために、自分なりの「眠りのお供」を見つけてみましょう。

大事なものから手放しましょう

家をリフォームしたときに、住まいの大きさに合わせて、身のまわりの物も3分の1に減らす必要がありました。家を丸ごと片付けるのは、とても大がかりな作業。処分しにくいものも多くありました。わたしの場合、それは「お金で買えないもの」だったのです。

家族の思い出が詰まったアルバムや、ハーブとアロマテラピーのお店を経営していたときの思い入れのある品々、子どもの頃に父があつらえてくれた着物や反物……。どんなに大金を積んでも買い戻せないと思うと、手放すのに勇気がいるものばかりです。

だからこそ、「まずはここから片付けよう」と考えるのがわたし流です。大切で捨てられないものを後回しにして、いつかは片付けようと思っていても、その「いつか」はなかなかやってこないもの。覚悟を決めて、お金で買えないものから整理を始めました。

まず、棚にずらりと並んでいたアルバムの写真は、小箱2つに収まる枚数まで減らしました。昔のアルバムって、大きくて分厚いですよね。この先、80歳、90歳になったときに、はたしてこの重いアルバムを膝にのせて見返すだろうか……？と考えたとき、棚にひっそりしまわれて、手に取られることもなく朽ちていく思い出の写真たちの未来が、ありありと想像できました。それに、大量のアルバムや写真は、持ち主がいなくなったときに、残された人の負担になってしまうでしょう。

そんな悲しいことになるくらいならと、思い切って整理開始。1冊のアルバムから1～2枚だけを選んで残すことにしました。何度も見返したい、大切な写真だけを小箱に入れて、取り出しやすい書斎の棚へ。今は写真をデータ化してもらえるサービスもありますが、やはり紙の状態で残した方が、手に取りやすいものです。自然と見返す頻度も増え、懐かしい思い出がより一層、貴重なものになったと感じます。

食器や洋服、着物などは、なるべく周りの人に声をかけて、使ってもらうようにしました。

コツは、「よいものから先に譲る」ことです。

たとえば、かつて自分へのご褒美として買っていたブランドものの洋服やバッグ。年齢とともに自分には似合わなくなったものもありますが、さすがに品質がよく、古びません。そのなかでもきれいなものを厳選し、ファッション好きの知人に「この服どうかしら?」と聞いてまわると、大喜びでもらってくれました。

また、お店で使っていた食器やテーブル、椅子などもすべて人にお譲りしました。東日本大震災が起きた頃に、被災地の方々の集会所をつくる計画を耳にしたので、そこへ寄付したことも。使ってもらえる先が見つかると、気持ちよく手放せますよね。

もらい手が見つからなかったものは、家の外に並べ、「不要なものです。使い道がある方は、ご自由にどうぞ」と紙を貼っておくと、ほとんどなくなりました。こうして3年近くかけて、わたしの「片付け計画」は自分の体力があるうちにひとまず完了したのです。

わたしは流行りの「ミニマリスト」ではありません。なんでも整理すればいいのではなく、好きなものだけに囲まれて、すっきりとコンパクトに暮らすのが目標です。そのためにも「食器や本は棚に入る分だけ」「洋服はクローゼットに収まるだけ」を家のルールにして、新しいものをひとつ買ったら、ひとつ手放すようにしています。

整理整頓や片付けが苦手で、娘や息子と衝突してしまう……という声もよく聞きます。わたしの母が、まさにそのタイプですから（笑）。子どもから「捨てなさい」「片付けなさい」とうるさく言われて腹が立つのもわかりますが、後の時代を生きる子どもたちが心配する気持ちも、親ならば理解するべきでしょう。自分のやり方に固執せず、若い世代の意見に耳を傾けることも、ときには大切。整理が苦手だと自覚しているなら、意地を張らずに「片付けるのを手伝って」と、子どもにお願いできる関係が理想的ですね。

考え方のヒント

- ✦大事なものほど手放すのに勇気がいりますが、残された人のことも考えて
- ✦「捨てる」のが苦手なら、譲渡・寄付などで気分よく手放しましょう
- ✦目指すのはミニマリストではなく、好きなものに囲まれたコンパクトな暮らし

持っているから、狙われる――自分の身を守るために

昨年は、詐欺の話を多く耳にしました。知人やその周りの人たちが、実際に詐欺にあってしまったり、危うくだまされそうになったり……という怖い話ばかりです。

友人のご主人は、ある日「部下が不正をしている。これを報じられたくなければ5万円をプリペイドカードで払え」という電話が入ったといいます。コンビニに行こうとするところを奥さんが止め、警察に相談したことで、未遂に終わりました。この冷静な判断がなければ、おそらく金銭を支払ってしまっていたでしょう。

また、通販に関するトラブルの話も。飲料水を定期購入している知人は、「夏休み特別キャンペーン」のメールが届いたため、いつも通り注文したところ、クレジットカード会社から連絡が。「水100ケース、インスタント食品20ケースという大量注文がされていますが、本当にあなたの注文ですか?」と確認されたというのです。結局、これは詐欺メールによる不正注文で、幸運にもカード会社が不審に思って止めてくれたのだそう。

老人ホームのなかでの、面会を装った盗難や詐欺の話も聞きました。突然、「お手伝い」や「買い取り業者」と称して訪れた人が、貴重品を持ち去ってしまったというのです。

空き巣や強盗事件のニュースも毎日のように報道されていて、物騒な世の中になりました。周りからこういった話を聞くたびに、自分も気を引き締めなければと思います。

ひとり暮らしは気楽さもある一方、自分の身を守れるのは自分だけ。防犯シャッターの取り付け、廊下や外の照明は夜間でも点けておくことなども重要ですね。録音機能のある電話機を使って、かかってきた電話はすべて録音しておくのもよいでしょう。残念ながら、これからはますますこうした備えが必要な時代になっていくのだと思います。

しかし、結局のところ、最大の防犯対策は「持たなくてもいいものを持たない」ことではないでしょうか。お金でも、クレジットカードでも、使わないもの、不要なものまで持っているから、こうした詐欺集団のターゲットになってしまうのでしょう。
わたし自身も、複数持っていたクレジットカードや通帳は、ここ数年で整理し、必要最低限のものだけに絞りました。カードや通帳が増えるほど管理が大変になりますし、紛失や不正利用のリスクも高くなります。元気なうちにと思い、一社ずつ電話をして、解約手続きをお願いしました。

気を付けなければいけないのは、犯罪だけではありません。急な病気で入院することになったときのために、着替えや洗面用具などのセットを玄関先に準備し、緊急時の連絡先リストも冷蔵庫に貼っています。なんせ、わが家の中心はキッチン。冷蔵庫は家のなかでもいちばん目立つ場所にあるので、万が一の際にもすぐに見つけてもらえるでしょう。介護中の母のことも心配なので、彼女の老人ホームでの予定リストも一緒に貼ってあります。

そして、いつ発生してもおかしくない災害。
地震対策として、緊急時の着替えセットや、ガスコンロ、簡易トイレ、ヘルメットなどを常備。

鉄板の入ったスリッパ（割れた窓や食器などで足をけがしないための防災グッズです）やラジオもいつも枕元に置いていています。最近では食器棚の一部を空っぽにし、そこに防災グッズを保管して、防災を日常生活に組み入れています。何かあったときにも冷静に対応できるように、ハザードマップの確認など、自分にできる最大限の準備をしています。

災害に備えることは、いざというときに自分の命を助けるだけでなく、周りの誰かを助けるための力にもなります。たとえ高齢者であっても、災害時に他人に頼りきりになるのではなく、できる限り自立した行動を心がけたいものです。

考え方のヒント

✦不必要に高価なものを持っていると、詐欺師に狙われる確率が上がります

✦増えすぎたカードや通帳は整理を。紛失や不正利用のリスク防止に

✦急な病気や災害への備えがあれば、もしものときに冷静に対応できます

もう「ポイント」はいりません

「ポイ活」が大流行ですね。スマホを使って少しずつポイントが貯まるような、「楽して得する」サービスが蔓延しています。周りでも夢中になっている人を見かけるのですが、あまり感心しませんね。その「チマチマ貯める」ことに、どれほどの価値があるのだろう、と疑問に思うからです。「今だけ1000ポイント贈呈！」といったキャッチコピーに惹かれて、使う必要のない1万円を使ったり、興味のない広告を長時間見続けたりするのは本末転倒。そのぶんのお金や時間を、もっと有意義なことに使って欲しいと思います。

最近では、子どもへのお小遣いも現金ではなく、電子マネーで渡すケースが増えているとか。手元にお金がなくても、スマホに数字が表示されればそれで満足？　子どもたちがこの先、お金の価値を真に理解できるのだろうか……と心配になってしまいます。

われわれ世代が身につけておくべきなのは「生きたお金の使い方」です。寄付もそのひとつでしょう。わたしは、日本人初の国連難民高等弁務官・緒方貞子(おがたさだこ)さんの活動に心を打たれ、国連UNHCR協会への寄付を続けています。わが家で月に1度、かつてのお得意さまを招いて開催していたお茶会で会費を集め、東北の被災地に寄付したこともありました。

ポイントを貯めることに振り回されるより、今を大切にしたい。お金の価値は、ただの数字の増減ではなく、日々の幸せや、心の充実感を得るためにあるのだと信じています。

とはいえ、今はどんどん〝キャッシュレス化〟が進む時代。現金払いだけでは、かえって店舗に迷惑をかける場面も出てきたので、電子マネーについても勉強しました。

娘に手続きを手伝ってもらい、ひとりで買い物をしてトレーニング。はじめは手探りでしたが、慣れてくると便利な面も見えてきました。それでも銀行口座と連携するのはセキュリティが不安なので、現金をそのつど入金するタイプの電子マネーを使っています。

ひとり暮らしの密やかな楽しみ

子どもが巣立ち、仕事も少しずつ手放しつつある今、家での時間が何よりも楽しく感じます。旅行や買い物もいいですが、やっぱりわたしは、自分の家が大好き。少女時代を思い返してみても、外で遊ぶよりも家のなかにいることの多い子どもでした。内向的というわけではないのですが、ひとりで何かをしている時間が楽しかったのでしょうね。

なかでもいちばん楽しいのは、料理をしているとき。食材とじっくり向き合い、いろいろな調理法を試してみたり、新しいレシピを勉強したりするのは至福の時間です。

先日、北海道の知人から「雪化粧」という、皮の白い、珍しいかぼちゃを頂きました。育てた野菜を、わざわざ送料をかけて送ってくださるのですから、お金には代えられない、価値ある贈り物です。せっかくなので、この貴重な雪化粧を無駄なく食べきろうと、皮や種、ワタまで、丸ごと使っての調理に挑戦してみました。

白い皮はきんぴらに。果肉はサラダや煮物、種は干してドライシードに。残ったワタをポタージュにしてみると、舌に鮮烈な苦みを感じました。「ああ、かぼちゃにとって『種』は子どものようなもの。鳥や獣に食べられないように、苦いワタで守っていたんだ……」と気が付き、食材にていねいに向き合うことは、感動や喜びにつながることを知りました。

近頃のわたしは、環境に負荷の少ない循環型の社会に興味津々。「エコでお金をかけない楽しみ」を探して、暮らしのなかであれこれ実践しています。たとえば……

◆「環境にやさしい、エコな楽しみ」の一例

❶空き瓶にアクリル絵の具で絵を描いて、インテリアのアクセントに。シールやマスキングテープを貼ったり、ドライフラワーを挿したりしてもかわいい。

❷新聞やチラシで箱を折って、ゴミ箱に。調理中の生ゴミはここに入れておき、なるべく乾かしてから捨てることで、ゴミの削減につながる。

❸使い終わったカレンダーで紙袋を作り、ミニバッグに。頂き物のおすそ分けや、手土産を渡すときに便利。きれいな写真のカレンダーを使うと、素敵に仕上がる。
❹手縫いでリサイクル小物作り。着物をほどいてバッグや洋服にリメイクしたり、使い古しの手ぬぐいを縫い直して、孫が学校で使う雑巾にしたり。

じっと作業していると肩が凝りますから、ときどきは「けん玉」で体を動かすようにしています。想像以上の全身運動になりますし、手先を使うことで脳トレの効果もあるとか。こうした数々の趣味に没頭しているうちに、毎日、あっという間に時間が経ってしまいます。

以前は「子どもの手が離れたら、クルーズ船でのんびり世界一周をしてみよう!」と夢見たこともあったのですが……、試しに「10日間クルーズ」に参加してみたところ、期待したほどのものは得られませんでした。揺れで船酔いはするし、カジノも試してみたけれど、もともと賭け事は苦手。派手なドレスをまとい、船上パーティーで過去の自慢話に興じる人たちの姿を見たとき、なんだか居心地が悪く感じたものです。自分に合わない娯楽にお金を使うぐらいなら、家のなかで、〝ちょこっと贅沢〟する方が、やっぱりわたしには合っているようです。

近頃は、スーパーに並ぶ果物の種類が増えた一方で、値段はずいぶん高騰しましたね。わたしは毎朝、３種類ほど旬の果物を食べるようにしているのですが、それを人に話したところ「なんて豪勢なこと！」と驚かれてしまいました（笑）。確かに、食卓から季節の移ろいを感じられることは、どんな贅沢にも勝るのかもしれませんね。出かけなくても、お金を使わなくても、楽しみの種は身のまわりにたくさん転がっているのです。

考え方のヒント

✦料理を「作業」と捉えず、学びの多い「趣味」と考えてみましょう

✦人生の醍醐味は旅行や買い物だけではありません。ひとりの時間を満喫して

✦リサイクルに凝ったり、旬の果物を食べたり。〝ちょこっと贅沢〟が楽しい

自然体でおしゃれを楽しみましょう

おしゃれに関してわたしが大切にしているのは、なによりも着心地と、肌触りのよさ。かつてはスペインのあるブランドの洋服が大好きだったのですが、年齢を重ねるうちに、自然素材でゆったりした着心地の衣類がいちばんしっくりくるようになりました。手触りのいいものを身にまとっていると、心が落ち着くのです。

そして、なるべく明るい色を選び、気分も明るく軽やかになるような服装を心がけていま す。歳をとると地味な色を好みがちになると言われますが、黒い服は一着も持っていません。

そんななかで、おしゃれの楽しみを支えてくれているのが、父が残した着物たちです。わたしの家は染物屋を営んでおり、幼い頃から染織の世界に親しんで育ちました。成人式や卒業式のときに着た着物や袴は、すべて父が自らの手で染め上げてくれたものです。

以前は、海外からのお客様を迎えるパーティーなどに着物を着ていくと、とっても喜ばれたもの。今ではあまり着る機会もありませんから、状態のいい着物から順に身近な人に譲りました。誰かに喜んで着てもらえるなら、きっと父も喜んでくれるでしょう。シミやほころびがある着物は、一度は処分しようと思いましたが、いざ父の顔を思い浮かべるとなかなか手放しがたく、ときおり、洋服などにリメイクして楽しんでいます。

リメイクは雑誌や本を参考にしながら、手縫いで少しずつ作っています。チクチクと縫っていると、父の丁寧な仕事ぶりが随所に感じられ、大切な思い出がよみがえります。とくに絹の着物は肌触りがよく、これを着てしまうと化学繊維の服には戻れないほどです。

もともと裁縫が得意だったわけではありません。高校時代に浴衣を作る課題がありましたが、こっそり家のお針子さんにお願いしたことがあるほど（笑）。そんなわたしも、今では自ら針を持つように。時間のたっぷりある、この年齢ならではの楽しみかもしれませんね。

安全で自立した住まいづくり

キッチン収納は引き出し式で、負担なく出し入れできる。昔たくさんあった食器類は「棚に入るだけ」と決めて、大部分を処分。今後まだまだ減らしていく予定だそう。

これまで何度か引っ越しを経験しました。仕事に便利な立地だったり、子どもの通学のしやすさであったり、その時ごとに「理想の家」の形は違うもの。今の自分、そして10年後の自分にとって、いちばん快適な住まいはどんなものだろう?と考えた結果、安全を第一に考えた「キッチンが中心のコンパクトな家」にたどり着きました。

ひとつながりの間取りは死角がないので、隅々まで目が行き届きます。掃除や整理整頓に便利なだけでなく、災害時に必要なものがすぐ手に取れるメリットも。万が一のときにも他人に寄り掛からず、自分の命を守れるように日頃から備えています。

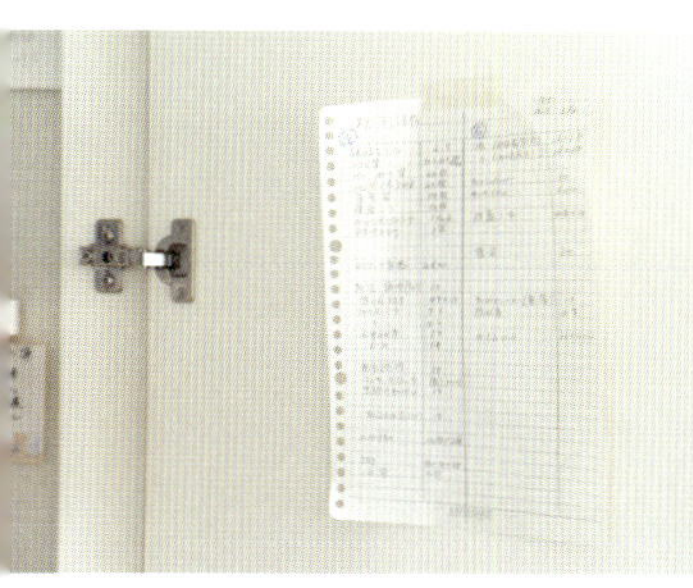

右）調味料や乾物などのストック棚。「賞味期限の年ごと」にざっくり分け、缶やジッパーバッグに入れて保管している。ふせんで目印をつけ、何が入っているのかひと目でわかるように工夫。　**上）**「水（2025／9月まで）…2L×6本」「防菌シート…80枚」など、防災用の備蓄品は手書きの表で管理。棚の扉の裏に貼り付け、常に目に入るようにしている。

下）一年中、ルームシューズ代わりに草履を愛用。5本の指でギュッと踏みしめることで、足先のトレーニングに。また気付いたときには「青竹踏み」をして、下半身の骨を刺激することを習慣にしている。
左）玄関先のポールには、帽子やネックレスなど外出時の必需品が。災害時の避難用に、ライト付きのヘルメットも常備。

冷凍庫は「つながりごはん」に応用するためのストック食材でいっぱい。肉は1段目、魚介類は2段目、と場所を定めている。3段目は野菜や調理済みの食材を収納するスペース。15㎝幅くらいの小さなフリーザーバッグに入れて、「立てて収納」するのが管理しやすいポイント。「何年も使い忘れて、冷凍庫の化石に……」といった失敗もない。

下) アイランドキッチンの収納棚を、簡易トイレ・飲料水など防災グッズの備蓄スペースに。以前は食器棚として使っていたが、「今、必要なのは食器よりも安全」と思い立ち、すべて入れ替えた。　**左)** 寝室には緊急避難用に鉄板入りのスリッパとラジオ、防災ライトを置いている。ライトは孫とおそろい。暗い場所でも目に付くデザインがお気に入り。

本当に好きなものだけに囲まれて

アルバム何十冊分もあった思い出の写真は、小箱2箱に入る枚数まで整理した。いちばん手前の写真は若い頃、仕事で訪れた海外で撮影したもの。両親、モモちゃんの写真とともに。

整理整頓は好きですが、流行りの「ミニマリスト」のように、なんでもかんでも捨ててしまおうとは思いません。思い出の詰まった古いものや、大切な「お友達」の数々は、わたしの人生に欠かすことのできないパートナーのようなもの。

もし、ひとり暮らしに寂しさを感じる人がいるならば、「自分が昔、好きだったものはなんだろう?」と思い返してみませんか?お茶が好き、ラジオが好き、運動が好き……、仕事や家事に追われて忘れてしまっていた気持ちを取り戻すには、今が絶好のタイミング。自分のための贅沢な時間を、思いっきり楽しみましょうよ。

どんなに慌ただしい日でも、お茶の時間になれば、気持ちもほっと落ち着くもの。本日の一杯は紅茶。ダージリンやアッサムといった定番の茶葉から、ほのかにバラが香るフレーバーティーまで、さまざまな種類のものを揃えて日々、楽しんでいる。

日本茶や中国茶を頂くときは、このような茶器セットで。お茶請けには、ほんの少しの甘いものを添えるのも忘れない。シニア世代になると体内の水分量が減り、脱水症を起こしやすくなるが、10時・3時とお茶の時間を設けることで無理せず水分補給ができる。

長年のお友達であるモコちゃん（左）とモモちゃん（右）。20代の頃、仕事で「離乳食の本」を作ることになり、モモちゃんを赤ちゃんだと思って接するようにしたところ、自然と母親の気持ちがわかってきたのだそう。仕事上のヒントをくれる大切なパートナーでもある。

右） 睡眠のお供として、また災害時の情報源としても役立つラジオ。最近ではスマホでも聞くことができるが、やっぱり昔ながらのダイヤル式が親しみ深い。　**左）** リビングにはバランスボールを置いて、テレビを見ながら体幹をトレーニング。子どもの頃からの運動音痴でも、こうした「ながら運動」なら気軽に続けられる。

未来のためにできること

形のきれいな空き瓶にアクリル絵の具でハーブの絵を描いて、インテリアのアクセントに。絵を習ったことはないけれど、自分らしく描ければそれでよし。料理で残ったハーブをちょっと挿しておいてもかわいい。

公園で遊ぶ元気いっぱいの子どもたちや、孫の姿を見ているると、「未来のために、この環境をいつまで残していけるだろうか……」という気持ちになります。そろそろ老い支度を迎えるわたしたちとは違って、若い人たちにとっては、これからが人生の本番。世代をバトンタッチするうえで、よりよい地球環境を保ちたいものです。

個人でできることは限られているかもしれませんが、何もしないよりはきっと意義があるはず。古いものを作り替えたり、ゴミを減らしたり、自分自身も楽しみながら環境保護に貢献できれば、この先の未来にも希望が持てると思います。

父の染めた着物を、ワンピースにリメイク。目ざとい人には「着物の生地ですね！」とすぐ気付いてもらえて、会話の糸口にもなる。なかに着ているのは、スペインのブランドのセーター。着物の和柄は、洋風のデザインにも不思議とマッチする。

下）紬の生地で作ったポシェット。めったに着ないような上質な着物であっても、小物としてよみがえらせれば気軽に普段使いできる。**左）**着物地から作った洋服の一部。ミシンは使わず、書店に並ぶ「着物リメイク」の本を参考にしながら、すべて手縫いで制作している。

寄付できない古い衣類や布製品は、小さく切ってまとめておき、油汚れの掃除などに利用。最後の最後まで使い切って捨てるようにしている。

20年以上も前から使っているキッチンタイマーは、台所の「守り神」的な存在。少し欠けているところがあっても、まだまだ現役。

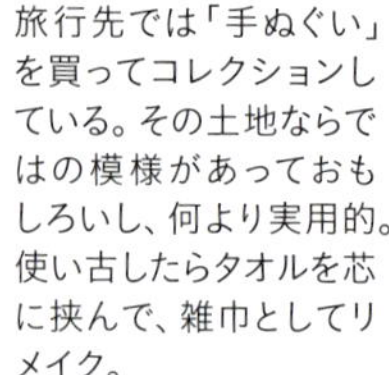

旅行先では「手ぬぐい」を買ってコレクションしている。その土地ならではの模様があっておもしろいし、何より実用的。使い古したらタオルを芯に挟んで、雑巾としてリメイク。

チラシやカレンダーは、そのまま捨てればただのゴミ。でも空いた時間に、手提げ袋や箱形に折っておけば、使い道が広がる。孫と一緒に折るのも楽しい。

第4章

家族と介護、人間関係について

親は変わっていくもの——嘆かない介護

わたしは今、妹弟とともに100歳になる母を介護しています。父は97歳のとき施設に入り、10年前、100歳の誕生日にこの世を去りました。若くして両親を失った父、そして母もまた長寿の家系ではないなか、ふたりとも百寿という節目を迎えることができたのは、日頃からの規則正しい食生活の賜物かもしれません。

老齢の親を介護することは、娘として「変わっていく親」を受け入れることでもあります。元気で、しっかりしていた頃の姿を知っているからこそ、親が老いて弱っていく様子を見るのはなんとも切ないものですよね。

わたしの両親はもともと仲がよかったのですが、高齢になるにつれ夫婦喧嘩（といっても認知機能の低下が進んだ母が一方的に怒っていたと思います）が増え、「夫婦で歳を重ねることの難しさ」も感じました。ひとりでいるのはつらい、ひとり暮らしは孤独だと心配する人がいますが、ふたりで歳をとることにもまた、苦労があるものです。

父が亡くなってひとりになると、母はますます頑固になっていきました。転倒を心配して、わたしと妹が杖を使うようにすすめても、なかなか首を縦に振りません。「杖をつく姿が老人みたいで嫌」「使わなくても、周りの人が避けてくれるから大丈夫」と、まったく耳を貸さないのです。高齢者が寝たきりになる原因として、よく挙げられるのが「転倒・骨折」。だからこそ、早めに杖に慣れて欲しいのですが……。妹と一緒に頭を抱えてしまいました。

しかし、この「杖問題」はひょんなことから解決することになりました。母より先に、妹が足を骨折してしまったのです！　かわいそうに、自分の方が杖を使って生活することになってしまった妹。快復後、その杖を母の暮らす施設へ届けたところ、母はあっけらかんと「あら、その花柄の杖、いいわね」と言い出すではありませんか。

今がチャンスとばかり、「この花柄、お母さんによく似合う！」と杖を手渡し、ようやく使ってもらうことに成功しました。偶然のタイミングとはいえ、母の自主的な「使ってみたい」という気持ちを尊重したことが功を奏したのかもしれません。

次は補聴器も試してみて欲しいのですが、こちらはまだ交渉中。電源の入れ方や充電の仕方がなかなか覚えられず、使おうとしません。そこで最近では、補聴器の代わりに、ラップの芯を通じて「お母さん、ごはんの時間よ！」と、話しかけています。これだと音が広がらずによく聴こえるようで、今では会話の必需品に。親といえども他人ですから、何事も無理やり従わせることはできません。時にはこうした工夫も必要ですね。

人が老いて変わっていくのは自然の摂理。それを嘆いたり、悲しんだりしても仕方がないのだと思います。わたしは親の世話をしながら、「人間はこうして退化していくのか」と観察し、自分がさらに老いたときにどうするべきか、と常々考えています。

自分の親を介護するとき、「昔のように戻って欲しい」と感じる人は多いでしょう。「お母さん、違うでしょ」「まったくボケちゃって」など、親の認知力を逐一テストしたり、責めたりするような言葉が出てしまうのも、「自分の親はもっとしっかりした人だったのに」という気持ちの表れだと思います。でも、親が過去の姿に戻ることは決してありません。そのことに気付けば、怒りや悲しみも減り、少し心が楽になるのではないでしょうか。

介護の話はつい愚痴っぽくなりがちなので、娘にはできるだけ「相談」ではなく、「現状報告」にとどめるよう心がけています。それでも「お母さんも大変ね」と受け止めてもらうだけでも気持ちは和らぐもの。介護の悩みは人それぞれですが、あまり気を張らず、思いつめず、「嘆かないこと」「寄り掛からないこと」が大事なのかな、と思っています。

考え方のヒント

✦親が年老いて変わっていくのは仕方のないことだと理解が必要
✦高齢の親は、頑固になりがち。家族も工夫をして乗り越えましょう
✦老いていく親の姿を観察して、自分自身が老いたときの心構えに

食の記憶はずっと残る

「親は自然と老いるもの」。そう覚悟をしていても、母が入居する老人ホームに足を運ぶときには、少し切ない気持ちになることがあります。ここのところ母は認知症が進み、あれこれと昔の話をして、思い出を共有することもあまりできなくなったからです。

それでも、散歩中に通りかかったスーパーの店頭を見て「もう栗の季節なのね」と反応するなど、食べ物をきっかけに、母がふと過去の出来事を思い出す瞬間があります。そのたびに、「食の記憶」は彼女のなかにまだ確かに生きているのだと実感するのです。

母は大正14年生まれ。農家の家庭で育ち、夏の暑い日には畑で採れたばかりのとうもろこしを大鍋でゆで、存分に味わったと話していました。家のまわりには、母の祖父が育てた季節ごとに実る果樹があり、それらを収穫して近所に配ることが、子どもだった母にとっては嬉しいお小遣い稼ぎの機会だったそう。ひと口かじれば、果汁がじゅわっと口いっぱいに広がったという、その果物の話もよくしてくれました。そういった幼少期の食の記憶は、100歳になった今でも、脳に刷り込まれているようです。

人間の味覚は年齢とともに衰えていきますが、とくに10歳までに味わったものは深く記憶に刻まれているといいます。諸説ありますが、味を感じる細胞の数は、乳児から10歳までがピーク。その後は減少して、成人になる頃には半分になる人もいるのです。

そのため、物心がつく頃までに慣れ親しんだ食べ物の味は、いくつになってもおいしいと感じるのだそう。生まれ育った土地の野菜や果物、親がいつも作ってくれた料理の味わいは、自然と脳が記憶しているということです。

わたし自身にも、食にまつわる幼い日の思い出があります。小さい頃、両親は染物屋の仕事で毎日忙しくしていましたから、家族みんなの食事を作るのはわたしの役目でした。今のように、便利なオーブンレンジも24時間営業のコンビニもない時代。はじめはごはん、味噌汁、目玉焼きといった簡単なものしか作れませんでしたが、それでも忙しい母が喜んでくれたのがとっても嬉しかったことを、卵の焼ける香ばしい匂いとともに思い出します。

料理を教えてくれる人もいませんから、母が購読していた婦人雑誌の料理記事がわたしの先生です。肉じゃがやサバの味噌煮、クッキーなど、作れそうなものは片っぱしから挑戦して、小学生のうちにひと通りの料理は身についていたと思います。

そんな事情を知ってか、わたしを陰ながらサポートしてくれていたのが、近所のお肉屋さんや、八百屋さんの店主たちでした。母に代わって買い物をするわたしは、「どうしてこっちのお肉は値段が高いの？」「この野菜はどこで採れるの？」など、店頭で気になったことを質問しないと気が済まない性分。その度に、いつも彼らはやさしく対応してくれ、食品がどこから来たのか、どんな違いがあるのか……といったことを、迷惑がらずにいちから教えてくれました。今でいうところの食育ですね。

そうした「課外授業」のおかげもあり、わたしは幼い頃から「お肉は少し脂身があった方がうまみがあっておいしいね」なんて、生意気なことも言っていたようです（笑）。

周囲の人から、食について多くの恩恵を授かった幼少期。そんなわたし自身は、娘に十分な食育ができただろうか……と振り返ってみると、仕事ばかりであまり料理を教えてあげられなかったという反省もあります。しかし彼女もいつのまにかお母さん。最近は「味噌作りが趣味」なんて言い始め、子どもは勝手に育つのね、と感心したものでした。

そういえば先日、娘の好物である「カモミール入りショートブレッド」のレシピを教えて欲しいと催促されたばかり。こうして母から娘へ、またその娘へと「食の記憶」が受け継がれていくのかなと、ひそかに嬉しく感じているのです。

考え方のヒント

- ✦小さい頃に食べたものの記憶は、100歳を過ぎてもずっと残ります
- ✦これまで料理をしてきた経験や、周囲の人から教わったこと、すべてが財産
- ✦子どもや孫の世代にも、豊かな「食の記憶」を受け継いでいきましょう

きょうだい間のトラブルは老後が本番！

若い頃は仲のよかったきょうだいも、老後になると関係に変化が生じることがあります。その原因のほとんどが「お金」でしょう。
長い人生のなかで、きょうだいそれぞれの生活環境や価値観は少しずつ変わっていくもの。そのうえ、親の介護や遺産相続といった場面で、お金や土地などの資産が関わってくると、これまで築いてきた信頼関係が一瞬で崩れてしまうことにもなりかねません。

わたしには妹と弟がいます。楽天家で大雑把な性格のわたしとは違って、妹は心配性で几帳面。遠方に住む弟は、10歳年下ということもあって、姉ふたりの指示に従ってくれるタイプです。両親の介護は今のところ、三人のチームプレイでうまく進んでいます。

老人ホームに入居している母の世話は、妹が中心になってくれています。彼女はホームまで自転車で通える距離に住んでいるため、こまめに訪問して母の様子を見てくれるのです。長女のわたしはというと、妹からの報告をもとに、契約内容の確認や書類へのサインといったもろもろの手続きを担い、弟にも定期的にメールで状況を伝えています。


母のお金の管理はすべて妹に任せて、ホームの費用や必要経費はそこから出してもらっています。几帳面な妹は、母の介護に関わる出費について、細かく帳簿をつけてきょうだいに報告。わたしも逐一それを確認し、ハンコを押して、お互いに内容を共有しています。

ときどき、介護に必要なものをわたしが購入したときは、レシートと引き換えに、妹が精算してくれます。細かいことが苦手なわたしはつい「これぐらい払うからいいわよ」と言ってしまうのですが、妹は「これはお母さんのために使ったお金だから」と、決してなあなあにはしません。昔はそんな妹を「面倒だなあ」と思ったこともありますが、そういう性格だからこそ、安心して母のお金を預けられるわけですね。まさに適材適所。わたしも弟も本当に助けられています。

高齢になり認知力が低下した人が、突然、お金に執着し始めることがあります。「お金がない」と騒ぎ出したり、「財布が盗まれた」と訴えたりといった行動は、漠然とした不安感の表れだそうですが、一時は母にもそういった兆候がありました。ですが、妹がしっかりお金を管理してくれていることがわかるのか、最近では不安そうにすることも少なくなりました。彼女のまめな性格が、母自身の心の安定にもつながっているのでしょう。

きょうだい間でのお金に関わる取り決めは、とくに慎重に行いました。これを「なんとなく」で進めると、後から大きなトラブルに発展しかねませんから。「家族でお金の話なんて水臭い」と、話し合いを先延ばしにしたがる人が多いようですが、それでは遅いと思います。わたしたちは父の生前から「お父さんの残した家やお金は、父の面倒を見ていた弟に。お母さんのお金は、母の介護を支えている妹に」と、あらかじめ決め事をしておきました。

わたしくらいの年齢になると、知人のなかでも、親の遺産が原因で裁判にまで発展し、仲違いしてしまったきょうだいの話をいくつも耳にします。しかも、たった50万円の争いできょうだいの縁を切ることになった話や、きょうだいの一人が遺産を全部使い切ってしまった話など、「どうして?」と思わざるを得ないような話ばかり。改めて、家族のなかでもお金の話は適当に済ませず、シビアなようでも、事前に話し合うことが重要なのだと痛感します。

親の介護はきょうだいのチームワークがあってこそ乗り越えられるもの。きょうだいがいない人もいるのですから、お互いに助け合える存在がいれば、こんなにも助かることはありません。自分の得意なことを分担し、苦労をねぎらいながら取り組めば、介護という大きな壁も乗り越えやすくなるのではないでしょうか。

考え方のヒント

- ✦お金が絡む話をきょうだい間で「なんとなく」で進めると、後々トラブルに
- ✦認知症が原因で、お金に執着し始めることも。親のお金の管理はしっかりと
- ✦介護はチームワークが重要！　信頼関係を保って助け合いましょう

親の食事に悩んでいる人へ

高齢になった親の食事について、悩みを抱えている方は多いのではないでしょうか。後期高齢者の食べるものには、気を付けるべきポイントがたくさんあります。栄養バランス、味の濃さ、食感のやわらかさ……。同じ食卓を囲んでいたはずなのに、今の親の好みがわからず、「何を作ってあげたらいいんだろう？」と困ってしまうこともあるでしょう。

でも、誰だってそうなんです。わたしの失敗談もひとつ、お話ししましょう。

母がまだ自宅でひとり暮らしをしていた頃、「料理をするのが面倒になった」と、次第に惣菜やお菓子だけで食事を済ませる生活になっていきました。さすがに栄養の偏りが心配になり、なにかいい手段はないかと調べてみたところ、そんな状況にぴったりのサービスが見つかりました。お弁当の宅配サービスです。

シニア向けに考えられたサービスのようで、日替わりでさまざまなメニューが用意されており、栄養バランスも合格点です。利用者も多く、信用できそうだったので、「これは便利！」とさっそく手配することにしたのですが……。

最初はいい調子でした。母には、お弁当の容器からきちんと食器に移して食べてもらうようにして、手作りと遜色のない食事を摂ってもらえると思っていました。しかし次第に、母は「移し替える」ひと手間が面倒になり、届いたままの容器で食べるように。また、いろいろなメニューがあるとはいえ、やはり味つけのパターンなどは似通ってくるもの。続けるうちに飽きがきてしまい、好きなものにしか手をつけません。結局、残ったお弁当は冷蔵庫に積み上がるばかり。それを妹に頼んでこっそり始末させていました。あるとき「お姉ちゃん、いい加減にして」と妹に相談され、そこではじめて「失敗だった」と気が付いたのです。

誰かにとっては便利なサービスでも、それが自分の家庭にフィットするとは限りません。わたしたち親子にはやっぱり、手作りの料理が合っているのだと痛感した出来事です。

手作りの介護食は、特別に手の込んだものを準備しようとするのではなく、日頃の食事を少しずつアレンジするのがポイントです。

自分の食事の準備のついでに、親用に少量を取り分けて、やわらかくしたり、飲み込みやすいよう切ってあげたりと、工夫してみましょう。片栗粉でとろみをつけると誤嚥を防げるだけでなく、食べ物が舌に絡むので、薄味でも満足できるようになります。

市販の食品や惣菜も、介護食のバリエーションを増やすのに便利。たとえば、エビチリを買ってきたのであれば、親の食べる分には豆腐を加えて味つけをマイルドに。歯が弱ければエビは除いて、豆腐とソースだけにしても食べやすいでしょう。フリーズドライの味噌汁に、油揚げや刻んだ小松菜を加えるのもよいアイディア。手軽にたんぱく質やビタミン、カルシウムが補給できます。市販品は食べ続けると飽きがきて、食欲不振の原因になってしまいますが、ほんのひと手間かけるだけでも「手作り」の味になります。

そして、介護食でなにより大切なのは、「介護する側」である自分がしっかりと食事を摂ること。親の食事に全力で取り組むあまり、自分の食がおろそかになってしまったら意味がありませんよ。日頃から自分の食事作りが習慣になっていれば、これまで挙げた、アレンジ介護食にも応用しやすいでしょう。50ページで紹介している「つながりごはん」のレシピを、親の好きな食材に置き換えてみるのもおすすめです。

老齢になれば味覚も変わり、食欲も落ちていきますから、「どうして食べてくれないんだろう」「何が悪いんだろう」と自分を責めなくても大丈夫です。ずっと食の仕事をしてきたわたしでも、一度は失敗しているんですから。はじめはうまくいかなくても悩みすぎず、親の健康状態をよく観察しながら、いろんな方法を試してみましょう。

考え方のヒント

✦高齢者の食事を考えるのは大変。最初はうまくいかなくても大丈夫
✦すべて手作りしなくてもOK。市販の惣菜なども介護食に活用して
✦介護する側も、自分自身のための食事作りをしっかりしましょう

「半分こ」の関係を保ちましょう

シニア世代は周囲とのコミュニケーションを大切に、孤立を防ぐためには友人との交流を保ちましょう、とよく言われますね。では、友人の数は多ければ多い方がいいのかというと……わたしはそうではないと思っています。信頼できて、気楽に話し合える少数の友人たちと、日常のささいなことを分かち合えれば、それで十分です。

わたしが理想にしているのは、「半分こ」の関係です。たとえば、旬の果物をたくさん頂いたときや、かぼちゃや白菜などの野菜を丸ごと買ったときは、自分の必要な分だけを残し、残りは友人に「半分こ」。中華おこわやポトフなど、たっぷり作った方がおいしい料理をこしらえた日に、半分いかが?と声をかければ、口福を共有できますよね。

近所にもそんな関係の友人が住んでいて、みな同世代のひとり暮らし。「半分なんて失礼かしら」「きちんとした器に入れて差し上げないと」なんて余計な気を使うことなく、普段使いの鍋や保存容器のままで、四季の味覚をやりとりしています。

わたしが留守のときには、友人たちに郵便物の受け取りなどをお願いすることもあり、持ちつ持たれつの関係は本当に心強いものだなと思います。

昔は仕事相手をたくさん呼んでホームパーティーを開いていたこともありましたが、60代以降は人間関係もうんとスリム化しました。次の仕事につながるかもしれない、などという動機で人付き合いを続けるのは無意味です。ひとつひとつの仕事を「これっきり」という気持ちで全力で取り組み、必要以上の名刺交換もしないことにしています。

人との出会いは大切ですが、無理に交流を広げても疲れるだけ。飾らない自分を見せられる相手との、パーティーではなく「お茶飲み」くらいが今の自分にはしっくりきます。

親戚にお中元やお歳暮を贈ることも、10年ほど前からやめました。とくに、娘の義母には思い切って「お互い、形式ばった贈り物はやめませんか？」と提案しました。お相手は時候の挨拶をしっかりするような、きちんとしたご家庭。はじめはびっくりしたと思います。でも正直に「わたしも歳を重ね、デパートに行くのも、空き箱を片付けるのも大変に感じる年齢になってきましたから」と伝えたところ、共感していただけたようです。

その代わり、どうしても食べて欲しいものがあったときは「おすそわけし合いましょう」という形で納得してもらいました。たとえば、旅行のお土産などで箱入りのおいしいお菓子を頂いたとき。向こうのご家庭で食べられる分だけ取り出して、残りを分けていただくことがあります。それだけでも「頂き物ですが、おいしいのでどうぞ」という先方の心遣いがわかり、いつもありがたく感じています。

この年齢になれば、贈り物のお返しを考えるのも、お礼の手紙を出すのも大変です。だからこそ、相手に負担をかけずに、日頃の感謝を伝える方法を考えておくべきではないでしょうか。それが本当の意味での「贈り物上手」なのだと思います。

お中元やお歳暮が長年の決まりごとになっていて、なかなか急にはやめられない、という家庭も多いでしょう。でもこの先、自分や家族がいつ体調を崩してしまうかはわかりません。突然、贈り物ができなくなったときに「不義理をしてしまった」と後悔するよりは、健康なうちから、家族や親戚と話し合っておくのが安心なのではないでしょうか。

率直に話してみると、意外と相手側でも「実はわたしも負担に感じていて……」ということもあるかもしれませんよ。今はスマホを使ったビデオ通話も簡単にできる時代。ただ物を贈り合うよりも、顔を見て「お元気ですか?」とおしゃべりを交わすことの方が、ずっと心のこもったコミュニケーションなのではないかと思います。

考え方のヒント

- ✦余計な気を使うことなく「半分こ」できる友人が近所にいると心強い
- ✦形式ばった贈り物は相手の負担に。高齢になったら卒業してもいいでしょう
- ✦季節ごとの贈り物をどうするか、健康なうちに話し合っておきましょう

次の世代のためにできること

町なかでも、仕事の場でも、気付けばまわりに若い人たちが増え、自然と彼らに頼ることが多くなりました。かつてはわたしも先生や先輩たちに導かれ、たくさんの影響を受けたもの。学生時代にお世話になった教授が、学生ではとても入れないような高級レストランに連れていってくれ、授業以外にもさまざまな体験や価値観を学ばせてくれたこともいい思い出です。今度はわたしが、次の世代にバトンをつなぐ番でしょう。

わたしは食材の宅配サービスを利用していますが、配達担当の青年が、重い荷物をわざわざ自宅まで運んでくれます。そこである日、「あなたの運んでくれる商品には、どんなよさがあると思う？」と尋ねてみると、しどろもどろで必死に考えているようでした。そこで「あなたの運んでいる商品は、こんなところが便利なの。だから毎週買っているのだし、あなたの仕事には大きな意義があるのよ」と伝えると、少し面映ゆそうにしていたのを思い出します。

それ以来、配達のたびにお茶や小さなお菓子を渡して、感謝の気持ちを伝えていたのですが、ある日、彼のお母さんから「息子を励ましてくださって、ありがとうございます」と手作りのティーカップが届いたのです。その後、その青年は配達の担当を外れてしまいましたが、別の部署でがんばっていると聞き、とても嬉しくなりました。今では部下たちに「商品のよさや、消費者が期待していることを伝えることが大切」と話しているそうです。

歳を重ねれば、おのずと若い人の世話になることが増えてきます。だからこそ、感謝の気持ちと、彼らの仕事にどれほどの意義があるかを伝えることが必要だと思っています。「どんなに些細な仕事に思えても、大切な意味がある。誰かの生活を豊かにしているんだよ」

うるさいおばあさんと思われてしまうかもしれませんが、これからの未来を背負っていく若者たちに対して、やりがいや自信につながるような言葉をかけ続けたいのです。

子どもは子ども、わたしはわたし

娘とわたしはまるで正反対の性格です。なんでも大雑把なわたしに対して、娘はこだわり屋さんで、買い物でもしっかり吟味して納得のいくものを買うタイプ。環境問題に関心が高く、いつも環境に配慮したものを使っています。かつてわたしの家の2階に娘が住んでいたときにも、彼女は自分の好きな家具を揃えたり、床を無垢材に張り替えたりと、長い時間をかけて「自分の城」を築いていました。細かいデザインよりも、使いやすさがいちばん！と思っているわたしとしては、「まったく、よくやるわ」と感心するやら、呆れるやら（笑）。

子どもと親が違うのは当然のことです。娘だって自分の人生を一生懸命に生きているのですから、彼女の人生を尊重して、金銭的な世話になりたくないという思いがあります。わたしは何歳になっても自分の生き方は自分で決めて、自分が選ぶ人生を大切にしていたいのです。

実の娘ですら違う人間なのですから、世間の嫁と姑がうまくいかないのも当然かもしれません。家庭や育った環境が異なれば、台所の使い方ひとつでも、お互いに気になることが出てくるもの。だからこそ少し距離を置き、つかず離れずの関係を保つ努力をするべきです。たとえば、孫の顔を見に行く場合でも、子どもたちの家ではなく、あえて近くのホテルに泊まってみる、とか。お嫁さんも気楽でしょうし、こちらも観光気分でリフレッシュできそうです。「家族は必ずひとつ屋根の下で過ごすもの」なんて、決めつけなくてもいいじゃないですか。

世間と比べて「よい・悪い」を決めるのではなく、自分と相手がお互いに心地よく過ごせる関係を探ることが、親子関係でも大切だと思います。

先日、娘がイチョウ材のまな板をプレゼントしてくれました。プラスチックのまな板と比べて、水質汚染が少ないのだそう。試しに使ってみると、食材を切った時の音と手触りがなんとも心地よい！「さすが、こだわり屋の選ぶものは違うわね」と嬉しく思った出来事でした。

第5章

いつか来る
その日まで、
自分らしく

家族のために残すもの

わたしは今、終活の真っ只中。エンディングノートを少しずつ書き進めています。

２０２１年の調査では、エンディングノートを書いている人の割合はたった８％なのだとか。認知症になったり、病気で寝たきりになったりする前に、重要な情報は残しておくべきだと思うのですが……。実際に親の介護などを経験しなければ、自分もいつかは老いるという実感が湧かず、「いずれそのうち」と準備しないままになってしまうのかもしれませんね。

わたしの使っているエンディングノートは、書店で購入したシンプルなもの。この先、自分が亡くなった場合の家族へのメッセージをはじめ、「介護は誰にして欲しいか」「財産はどうするか」「葬儀の希望」などを書き留めておくことができます。

ノートは1年に1～2回は見直して、もし考えが変わったところがあれば、その度に書き直し。95ページで「終末期医療に関する意思表明書」にサインしてあると書きましたが、今後、さまざまな価値観に触れ、思い直すこともあるかもしれません。ひとつの考えに固執しないためにも、定期的に自分自身に問い直す機会を設けるようにしています。

かつて夫がパーキンソン病で亡くなったとき、何種類ものクレジットカードの解約や、契約書の整理でとても大変な思いをしました。それに加えて、今の時代はありとあらゆるものにパスワードが必要！　自分でも全部覚えていられないほどなのに、はたして残された家族がパスワードを把握できるものだろうかと、今のうちからうんざりしてしまいますね。

その際の苦労を教訓に、カード類は最低限のものを除いてすべて解約。契約書類は種類ごとにファイルに収め、各種パスワードもメモに残しました。娘には銀行の代理人カードも持たせてあるので、もし急に入院することになっても、当面は問題なく過ごせるでしょう。

いざという時のために準備しておけることは、まだまだあります。

❍自宅から近い場所で働いている親族に、家のスペアキーを託しておく。

❍入院時に必要なものを入れたバッグを、常に玄関近くに用意。

❍親しい人やかかりつけ医の連絡先を書き記し、目に付く場所に貼っておく。

どれも小さなことですが、ひとり暮らしの気楽さと引き換えに、家族に心配をかけないように努力する義務があると思っています。何事もなければ「取り越し苦労だったね！」と笑い話になるのですから、後悔しないよう、できることは全部やっておきましょう。

考え方のヒント

✦エンディングノートを書いている人は少数派。でも家族のためには必要です
✦大量のカードとパスワードは死後の手続きが大変！　今のうちに整理を
✦家族に無駄な心配をかけないためにも、住まいにも工夫して安全を守ろう

家系図のすすめ

父が亡くなったことをきっかけに、一族の家系図を作成しました。死亡届の手続きをした際に、父が生まれてからの戸籍を苦労して取り寄せたところ、これまで名前くらいしか知らなかった親戚との意外なつながりが見えてきたからです。これはいいきっかけだと思い、妹と読み合わせをしながら、ひとつの家系図にまとめていきました。

家系図を見れば、家族のこれまでの歴史を読み解くことができます。そして最大のメリットは、相続関係を明らかにできること。突然、誰かが亡くなった際に、誰がどのくらい財産を相続する可能性があるかが前もってわかっていれば、無用な混乱を避けられますよね。

もうひとつ、家系図を作ることで思いがけない収穫がありました。

古い戸籍の文字は毛筆で書かれているものもあり、わたしと妹では解読できません。そこで、昔から書道をしていた母に読めないか聞いてみると、記憶がふっと戻り、親族にまつわるエピソードを少しずつ語り出したのです。

認知症で記憶が薄れつつあるなかでも、昔のことはよく覚えている様子。はじめて聞くような話も多く、こんな機会がなければ母から教えてもらうこともなかったと思うと、感慨深いものがありました。家系図が、思いがけず母の記憶をたどる糸口になってくれたわけです。

先日、マイナンバーの登録をしに区役所へ行ったときのこと。ついでに自分の戸籍も調べてみようと考え、申請すると、生まれてから現在までのすべての戸籍が20分程度で取得できて驚きました。今は電子化されているので、簡単にわかるのですね。

それをもとに、自分の履歴書と、写真を添えた個人史を作成中です。わたしの長い人生のあれこれを、娘や孫にいつか知ってもらえればと思ったのがそのきっかけ。いつ紐解かれるかはわかりませんが、見る人に「なかなかがんばって生きていたんだな」と思ってもらえるような、充実した自分史にするべく、昔のことを思い出しながら書き溜めているのです。

実家じまいのタイミング

整理整頓が苦手、できない、と悩む人はたくさんいますが、「整理整頓が得意です」という人であっても苦労するのが、実家の片付けではないでしょうか。わたしたちも親が高齢になってきたタイミングで、早めの実家じまいを考えたのですが、いざ取りかかってみると予想以上に大変なものでした。実家は親のものであり、こちらの都合だけで進められません。さらに、親が金銭の管理をしきれなくなり、防犯面でも危険な状況になっていました。

以前は家族5人で暮らしていたわたしの実家は、古くて広い、3階建ての一軒家です。片付けのために納戸や台所を改めると、弟が生まれた頃使っていた赤ちゃん布団から、十数枚にもなるお客様用の座布団、宴会用の大皿やお膳といった使い道のなさそうな食器類など、両親ふたりの暮らしには必要のない物がたくさん残っていました。しまってある本も洋服も山のよう。とにかく量が多いのです。

あまりの様子に呆然としてしまいましたが、そのままにしてはおけません。とにかく物を減らさなければと、まだ使えるきれいな器や座布団などはできるだけ人に譲ることに。それでも残ったものは「ご自由にどうぞ」と家の外に並べておくと、ありがたいことにほとんどがご近所の人に引き取ってもらえました……。それでも、減ったのはまだ一部だけです。

母には日頃から、多すぎる物を手放すように説得していたのですが、「いずれ使うかもしれないから」と抵抗し、いつも話は平行線。言い争いになることもありました。見かねた妹がこっそりと物を持ち出し、少しずつ処分していたところ、それを2階からじっと見つめる母の姿が！　まるでホラー映画のようです（笑）。

当然、妹はすごい剣幕で怒られ、母はますます意固地に。以降、わたしと妹は、母の前で「捨てる」「片付ける」という言葉はいっさい使わない、とルールを決めました。

そんなある日、母が「物がなくなった」と騒ぎ出したことがありました。認知症の初期症状でお金に対する執着が強くなり、通帳をわたしたち家族が盗んだと疑い始めたのです。ひとまずは母の言うことを聞いて、警察や銀行にも連絡するように伝えましたが……。結局、通帳は盗まれておらず、母が自ら紛失しただけでした。

やっと自分の勘違いに気が付き、シュンとする母。わたしたち姉妹は「これはいい機会」と顔を見合わせ、手元にある通帳や貴重品を全部見せてもらうことにしました。

「きちんと管理しているつもりでも、歳をとったら勘違いは増えるんだから、みんなで確かめましょう」と母を説得し、母の持っている財産を一覧にまとめた「確認書」を作成。母とわたしたち姉妹の分で3部作り、それぞれに捺印しました。「みんなで持っているから安心よ」と伝えたところ母も納得できたようで、それ以降は財産管理がスムーズに進むように。この頃から、家にある物を捨てても文句を言わなくなったと思います。

高齢の親にとって、子どもから「ボケ老人」扱いされたり、あれこれ指図されたりするのはショックが大きいはず。母のプライドを傷つけず、納得させるためには、「一緒に管理しよう」と説得することが効果的でした。とくに、何かに失敗したタイミング（母の場合は、通帳を盗まれたという勘違い）は、頑固な親を説得するよい機会なのかもしれません。

高齢者が金銭に執着したり、家族を疑ったりするのは、よくあることです。記憶力が低下し、物の管理が難しくなると、大切なものの所在がわからなくなり、疑心暗鬼に陥るのでしょう。そうなったときに子どもの方が傷ついてしまわないよう、心の準備をしておくのがよいかもしれません。実家じまいは、片付ける作業だけではなく、家族との対話が必要不可欠。親の気持ちを尊重しながら、焦らず、少しずつ進めていきましょう。

考え方のヒント

- ✦実家じまいは思っているより大変。体力のあるうちに、早めに行動を
- ✦親のものは、親の判断で処分しましょう。「捨てなさい」ではうまくいきません
- ✦認知力が低下した親には、「一緒に管理しよう」という声かけが効果的です

理想のお墓を探して

夫が亡くなったときに、お墓を買いました。いずれ自分も同じ墓に入ることを考えると、遠くて寂しい、誰も来たがらないようなところは嫌です。お彼岸や命日以外にも、散歩ついでに気軽に立ち寄れるような、素敵なお墓はないかしら……。同時期に親を亡くした中学校からの友人とともに「お墓探し」が始まりました。

なかなか理想通りのお墓がないなか、一件、目についたのが、あるガーデニング業者が管理する霊園でした。さっそく友人とともに見学に行くと、園内には一年中バラの花が咲いていて、まるで植物園のよう。墓地特有の湿っぽい感じがなく、風が抜けて気持ちのよい雰囲気です。参道にも季節の花々が植えられ、目を楽しませてくれました。

敷地内の売店では、いわゆる仏花ではない、洋風のかわいらしいブーケや、バラの香りのお線香が販売されていて、お墓参りの際は手ぶらで行くことができます。わたしも友人夫婦もひと目で気に入り、さっそく購入することに。すると、友人の妹夫婦も「ここが素敵！」と言い始め、同じ区画の樹木葬のお墓を購入。一気に「墓友」が増えたのでした。

両親と夫、そして将来はわたしも入ることを考えて、お墓は4人分の骨壷が入るサイズのものに。墓碑のデザインは自由に選べたので、ガラス製のものにして、わたしの好きなローズマリーやカモミールといったハーブのモチーフを彫刻してもらいました。太陽が当たるとガラスがきらきらと輝き、人がこないときでも、寂しくはならなそうです。

もうひとつ、お墓探しで重要視したのは、家族に負担をかけないことです。ここは立地も遠すぎませんし、霊園に併設されたホールでは、契約した人たちやその家族のための演奏会なども行われていました。これなら、お墓参りのほかにもちょっとした楽しみができて、家族も足を運びやすいでしょう。また、わたしの死後、一定の期間が過ぎたら自動的に共同墓地に入れてもらえるよう、契約内容もきちんと確認しました。

実家の墓じまいにはそれなりの費用がかかりましたが、それでも、まだ健康で仕事ができるうちに、この選択をしたことは後悔していません。死は誰にも避けられない運命なのですから、「縁起でもない」と先延ばしにしたって、何もいいことはありません。

いずれ眠る場所が決まったことで、母もほっとしているよう。最近はお墓もさまざまな形があるようですから、自分らしい最期を迎えられるように、早めの準備をおすすめします。

考え方のヒント

- ✦お墓選びにも「自分らしさ」を。時代のニーズに合った新しい墓地もあります
- ✦いずれお墓参りにくることになる、子どもや孫の都合も考えておきましょう
- ✦墓探し・墓じまいにはお金も行動力も必要。健康なうちに準備を始めて

ポジティブ終活始めました

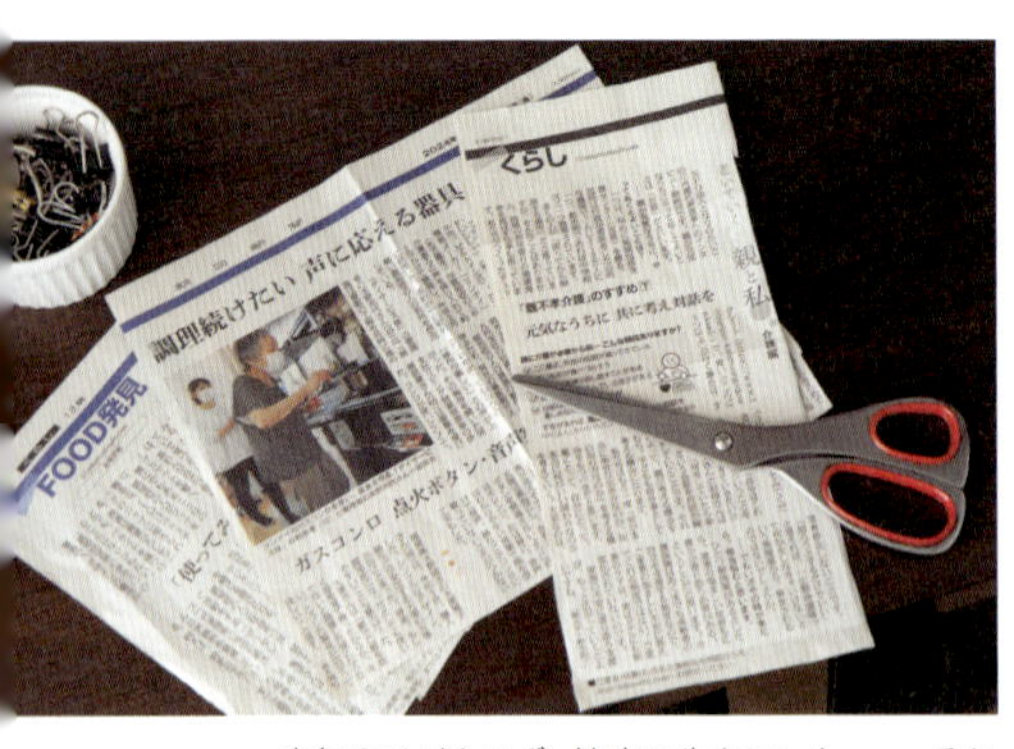

病気やけがをせず、健康に生きていく――。それだって立派な終活のひとつ。介護についての情報や、防犯・防災のための最新テクノロジーなど、新聞を読んで「これからの暮らしに役立ちそう」と思った記事は、必ず切り抜いてスクラップしている。同世代の友人や、仕事相手と情報を共有するための、会話の糸口にもなる。

終活を進めている、と人に話すと、「まだ早いですよ」と驚かれることがあります。でも、終活に適した年齢っていくつなのでしょう。80代？ 90代？ 病気にかかったら？ わたしはやっぱり、頭も体も健康なうちに取り掛かるべきだと思います。死について考えるなんて悲しいことだと思うかもしれませんが、いざ始めてみると、意外とおもしろい発見もあるものです。

終活は人生の締めくくり方を自分自身で決め、残された家族や親族に負担をかけないためのもの。湿っぽくならず、明るい未来へ向けた準備なのだと思って、ポジティブな気持ちで取り組んでみましょう。

思い出の品を整理していたら、亡き父からの絵葉書を発見。施設に入ってからも、四季折々の絵を添えて近況を教えてくれていた。文字のない絵葉書は、「誰かに手紙を書くときに使いなさい」という父のやさしい心遣い。

渋谷で開催されていた「Deathフェス」で撮影した写真。これは「Death＝死」というタイトル通り、死生観についての講演会や、「老い」や「死」に関する展示などを行う終活イベントのこと。ウエディングドレスを死に装束に仕立ててくれるサービスもあったので、思わず試着してパチリ。こんな死に装束なら、明るく旅立てそう。

おわりに

この本を締めくくるにあたり、ひとつ思い出したことがあります。

母と一緒に、家系図を眺めていたとき、会ったことのない祖母のことがふと頭に浮かびました。祖母は母が結婚する前に亡くなったのですが、まるで自分の最期を予感していたかのように、身のまわりの整理をきちんと済ませて、眠るように旅立ったといいます。

親戚が集まるたび、「あの人は本当にきれいに亡くなった」と話題に上っていた祖母。今、彼女の年齢を追い越したわたしから見ても、「武士道」という言葉を彷彿とさせるような、潔い幕引きだったなと思います。もちろん、自分の最期を完全にコントロールすることはできませんが、そんな心構えだけでも見習いたいと思います。

若い頃は、努力次第で何でもできるような気がしていました。もし失敗しても、何度だって再チャレンジすることができました。しかし、年齢を重ねるごとに、自分が進める道は少しずつ狭くなるのだなと、日に日に実感しています。

その狭くなった道を、これからどう歩んでいくか。道の先を見せてくれるのが、親の姿だと思います。老いていく父や母の姿を目の当たりにしながら、いつか自分もこうなるのだろうと想像することも増えました。お金も若さも、あの世まで持っていくことはできないのですから、執着しても仕方のないこと。だからこそ、わたしは大事なものから少しずつ手放して、人生の最期に向けて、身軽に生きるための準備をしているのです。

わたしと同年代の方のなかには、介護のつらさや大変さに直面している方も多いと思います。でも、振り返ればその経験がきっと自分の人生の糧になり、いずれ自分のために役立つ日が来るはずですから。お互いにがんばっていきましょうね。

これからは、自分の後を生きる若い人たちに、少しでも知恵や情報を残していければと思っています。これまで学んできた食や栄養についての知識もそうですし、こんなふうに考えてみたらどう?という、暮らしのアイディアなどもそのひとつ。

「自分を素敵に見せたい」という気持ちはすっかり手放しましたから、この本では、正直に、そしてときには恥ずかしいようなこともたくさん書きました。けれど、わたしの失敗談や経験が、いつか誰かの参考になったなら、こんなに嬉しいことはありません。

この本を読んでくださった皆さんが、少しでも心軽やかに日々を歩んでいけますように。そのヒントやきっかけになれば幸いです。

本多京子

スタッフ
文　大野麻里
撮影　わだりか（mobiile）
デザイン　境田真奈美、望月昭秀（NILSON）
編集協力　荒川典子（AT-MARK）
校正　濱口静香

本多京子
Kyoko Honda

医学博士・管理栄養士。1948年東京都生まれ。実践女子大学家政学部食物学科卒業後、早稲田大学教育学部体育生理学教室研究員を経て、東京医科大学で医学博士号を取得。日本体育大学では「子どもの食と栄養」を35年間担当。健康と栄養について、わかりやすく楽しいアドバイスやヘルシーで気軽に作れるレシピを提供し、幅広い支持を集める。2007年4月に策定された国民運動「新健康フロンティア戦略」の健康大使、日本食育学会理事、NPO法人日本食育協会理事などを歴任。

「食と栄養」をライフスタイルの中心に置いた、すっきりとした暮らしぶりが話題となり、2018年には『60代からの暮らしはコンパクトがいい』（三笠書房）を上梓。ほかの著書に『こころをよむ 食べることは生きること』（NHK出版）、監修書に『70歳からの栄養がとれるレンチンごはん』（藤野嘉子著・家の光協会）など、シニア世代の食生活に関する著作も多い。

大事なものから手放しましょう。

70代、ひとり暮らしを軽やかに生きる

2025年2月20日　第1刷発行

著　者　本多京子
発行者　木下春雄
発行所　一般社団法人 家の光協会
〒162-8448
東京都新宿区市谷船河原町11
電話 03-3266-9029（販売）
03-3266-9028（編集）
振替 00150-1-4724
印刷　株式会社東京印書館
製本　家の光製本梱包株式会社

ISBN 978-4-259-56829-0 C0095